MATTHES & SEITZ BERLIN

PAPERBACK

Philippe Descola

DIE ÖKOLOGIE DER ANDEREN

Die Anthropologie und die Frage der Natur

Aus dem Französichen
von Eva Moldenhauer

Matthes & Seitz Berlin

INHALT

EINFÜHRUNG

In der zweiten Hälfte des 19. Jahrhunderts sind die jeweiligen Herangehensweisen und Bereiche der Naturwissenschaften und der Kulturwissenschaften endgültig abgegrenzt worden. Zum einen in der Theorie, durch die Entwicklung der erkenntnistheoretischen Arbeiten, die den Akzent auf die methodischen Unterschiede zwischen den beiden Studienfeldern legten; zum anderen in der Praxis, durch die Festlegung der abgeschotteten Organisation der Universitäten und der Forschungsinstitutionen, so wie wir sie heute kennen. Wie bei jedem Spezialisierungsprozess hatte diese Aufteilung der Kompetenzen insofern positive Auswirkungen, als sie innerhalb der Wissenschaftsgemeinschaften Know-hows und Denkgewohnheiten, Qualifikationssysteme, Arbeitsmittel und gemeinsame Bewertungskriterien konzentrierten, wodurch die Bedingungen der Wissensproduktion verbessert wurden. Allerdings hatte diese verstärkte institutionelle Aufteilung zwischen Naturwissenschaften und Humanwissenschaften auch zur Folge, dass sie das Verständnis für Situationen im Grenzbereich zwischen materiellen Phänomenen und moralischen Phänomenen erschwerte. Wissenschaften, die sich die Beziehungen zwischen physischen und kulturellen Dimensionen zum Ziel gesetzt hatten – zum Beispiel die Geografie, die Psychologie oder die Ethnologie –, sahen sich letztlich innerhalb ihrer Disziplin gespalten zwischen den Anhängern des einen oder des anderen Ansatzes, wobei jede sich am Ende zu einer Trennung entschloss, bestenfalls auf gütliche Weise.

Auch der Anthropologie wurde diese Art Teilung nicht erspart, und der vorliegende Vortrag wird sich im Wesentlichen darauf beziehen. Eine erste Spaltung erfolgte bereits Ende des 19. Jahrhunderts zwischen denen, die sich der menschlichen Vielfalt über die biologischen Merkmale näherten, und den anderen, die den Ansatz über die kulturellen und sozialen Merkmale vorzogen, sodass die ursprüngliche Absicht, die Einheit des Menschen in der Vielfalt seiner Ausdrucksformen zu erfassen, am Ende verschwand: der physischen Anthropologie fiel die Herstellung der Einheit jenseits der Variationen zu, während sich die Sozialanthropologie meist damit begnügte, vor dem Hintergrund einer unwahrscheinlichen Einheit auf die Variationen zu verweisen. Die jüngsten Versuche, den Dialog wieder aufzunehmen, wovon die Entwicklung der Soziobiologie des Menschen, der Evolutionspsychologie oder der Memetik zeugt, haben bisher zu keinen schlüssigen Resultaten geführt, entweder weil die Behandlung der kulturellen Tatsachen hier derart armselig ist, dass nichts von ihren Besonderheiten übrigbleibt, oder weil die anfänglich herangezogenen biologischen Mechanismen einer sozialen Tatsache so allgemein sind, dass sie gar nichts mehr erklären.

Erinnern wir daran, dass die Soziobiologie des Menschen die Auswirkungen der Praktiken zur Maximierung des Reproduktionsvorteils in den Institutionen untersucht, während die Evolutionspsychologie versucht, in den heutigen menschlichen Fähigkeiten die Verhaltensweisen wiederzufinden, die früher im Laufe der Phylogenese für den Anpassungsvorteil, zu dem sie verhalfen, selektiert worden waren. Im einen wie im andern Fall besteht zwischen der Einfachheit des angeführten Mechanismus und der Komplexität der Institution, an deren Ursprung er stehen soll, ein solcher Abgrund, dass es unmöglich wird, diesem Mechanismus eine kausale Wirkung auf die sehr große Formenvielfalt der Institutionen zuzuerkennen. Das klassische Beispiel hierfür sind die Verwandtschaftsbande. Aus der Sicht der Soziobiologie sollen diese die Funktion haben, den Altruismus zu kodifizieren und zu stabilisieren, das heißt meine Neigung, einem Verwandten unter Lebensgefahr das Überleben und damit auch einen Teil meines genetischen Erbes zu sichern. Doch diese *petitio principii* vermag die überaus unterschiedliche Art und Weise kaum zu erklären, wie verwandte Individuen klassifiziert und behandelt werden, von denen viele gerade zur Folge haben, entweder die nächsten Verwandten aus dem Kreis der Blutsverwandten auszuschließen, bei denen die Quote der genetischen Übereinstimmung doch sehr hoch ist, oder im Gegenteil Individuen einzuschließen, mit denen keinerlei genetische Verwandtschaft besteht.[1] Was die Memetik betrifft, einen von Richard Dawkins geprägten Begriff,[2] so beabsichtigt sie, die heutigen Kulturwissenschaften zu verdrängen, indem sie einen auf der Untersuchung der natürlichen Selektion der »Meme« gründende Herangehensweise in den Vordergrund rückt, für die Kultur konstitutive Elemente, von denen bestimmte zu einem Anpassungsvorteil verhelfen. Der kritische Punkt dieser letzteren Theorie ist ihre Unfähigkeit, eine nicht-triviale Definition dessen zu liefern, was eine diskrete Informationseinheit innerhalb eines Kultursystems ist, ein immerhin klassisches Problem in der Anthropologie seit den Debatten Ende des 19. Jahrhunderts über die Verbreitung der Techniken und Ideen, von denen die »Memetiker« jedoch nichts zu wissen scheinen.[3]

Dennoch verläuft die Teilung der unterschiedlichen Art und Weise, sich der Vielfalt der menschlichen Institutionen zu nähern, nicht allein zwischen der physischen Anthropologie und ihren neodarwinistischen Erneuerungen einerseits und den verschiedenen Sektoren der Sozial- und Kulturanthropologie andererseits, sondern auch innerhalb der letzteren und vielleicht noch ausgeprägter als in jeder anderen Disziplin, die die im Grenzbereich liegenden Gegenstände untersucht. Denn seit über einem Jahrhundert wird die Sozial- und Kulturanthropologie definiert als Wissenschaft der Vermittlungen zwischen Natur und Kultur, zwischen den physischen Determinationen, die das Leben der Menschen bedingen, einschließlich ihres eigenen Organismus, und der schwindelerregenden Vielfalt der Bedeutungen, die diesen Determinationen verliehen werden. Die Dualität der Welt, ihre Aufteilung zwischen universellen materiellen Regelmäßigkeiten und partikularisierten Wertesystemen ist zur grundlegenden Dimension des Gegenstands der Anthropologie geworden, zur Herausforderung, die anzunehmen sie versuchte, wobei sie einen großen Einfallsreichtum an den Tag legte, um die Kluft zwischen den beiden Realitätsordnungen zu verringern, mit deren Versöhnung sie beauftragt worden war.

Doch, und das möchte ich in diesem Vortrag aufzeigen, eine solche Aufgabe lässt sich unmöglich bewältigen, solange man an den Ausgangsprämissen festhält, das heißt, solange man die menschliche Erfahrung als Resultat der Koexistenz zweier Bereiche von Phänomenen begreift, die von unterschiedlichen Prinzipien beherrscht werden. Die Untersuchung einer Kontroverse soll dazu dienen, diese Diskussion zu eröffnen, da gelehrte Polemiken den Vorteil haben, die antagonistischen Positionen in klarerer Form als üblich darzulegen. Sie konfrontiert auf der einen Seite diejenigen, die behaupten, das Verhältnis des Menschen zu seinem Milieu müsse anhand der Zwänge betrachtet werden, die die Verwendung, die Kontrolle und die Umwandlung der sogenannten natürlichen Ressourcen mit sich bringen, mit denjenigen auf der andern Seite, die sich diesem Verhältnis eher anhand der Besonderheiten der symbolischen Behandlung einer Natur nähern, die gleichwohl innerhalb ihrer Grenzen und ihrer Funktionsweise für homogen erachtet wird. So scharf der Konflikt zwischen den beiden Positionen auch erscheinen mag, so stellt er doch die von ihnen geteilten Voraussetzungen hinsichtlich des Dualismus von Natur und Gesellschaft nicht wirklich infrage. Deshalb muss man diese Voraussetzungen bloßlegen, indem man untersucht, auf welche Weise sie die diversen Etappen des anthropologischen Vorgehens berühren: die Definition ihres Gegenstands, die zu dessen Behandlung verwendeten Methoden, die Debatten über den Status des Wissens über die Natur und insbesondere die Schwierigkeit, Rechenschaft abzulegen über die Art und Weise, wie sich diese letzte Frage für die Modernen stellt, wenn man die üblichen, für die ethnologische Forschung entwickelten Werkzeuge der Nichtmodernen benutzt.

Schließlich wird man sich fragen, wie sich diese Schwierigkeiten vermeiden lassen. Wie sich Natur und Gesellschaft, Menschen und Nichtmenschen, Individuen und Kollektive zu einem neuen Gefüge zusammensetzen lassen, in dem sie sich uns nicht mehr gleichsam zwischen Substanzen, Prozessen und Vorstellungen verteilt darstellen, sondern als instituierte Ausdrucksformen von Beziehungen zwischen vielfachen Entitäten, deren ontologischer Status und deren Handlungsfähigkeit je nach den Positionen variieren, die sie zueinander einnehmen. Es ist also eine Ökologie der Beziehungen, die Anleihen bei unterschiedlichen Wissenschaften des Lebens und des Verhaltens macht, zu der dieses neue Gefüge auffordert, dessen Prämissen man hier und dort erkennt und zu der die Anthropologie nur dann wird beitragen können, wenn sie willens ist, auf einen großen Teil ihres Anthropozentrismus zu verzichten.

DER STREIT UM DIE MUSCHELN

Die Soziologie und die Anthropologie der Wissenschaften haben uns gelehrt, dass eine gute Art, eine wissenschaftliche Problemstellung zu verstehen, im Studium einer Kontroverse besteht. Diejenige, die ich als Eröffnung gewählt habe, ist zwar nicht mehr ganz neu, bündelt jedoch wunderbar die unentwirrbaren Schwierigkeiten, in die die Anthropologie sich verstrickt hat, als sie sich gegen Ende des 19. Jahrhunderts als Wissenschaft des Grenzbereichs zwischen Natur und Kultur konstituierte. Unsere Polemik findet 1976 in der anthropologischen Zeitschrift *L'Homme* statt und stellt zu beiden Seiten des Atlantiks zwei große Gestalten der Disziplin einander entgegen: Claude Lévi-Strauss, den Begründer der strukturalen Anthropologie, und Marvin Harris, damals Professor an der Columbia-Universität und Vordenker des kulturellen Materialismus. Die Debatte, die sehr lebhaft war, bezieht sich nicht auf ein australisches Verwandtschaftssystem oder auf ein Ritual aus Neuguinea, sondern auf die Größe, die Farbe und den Nährwert der Siphonen der *clams*, großer Muscheln, die an den Küsten Nordamerikas weit verbreitet sind.[4]

Der richtige Gebrauch der Siphonen

Erinnern wir kurz an die Umstände der Kontroverse. Vier Jahre zuvor hatte Lévi-Strauss die Gelegenheit des Gildersleeve-Vortrags ergriffen, den er auf Einladung des Barnard

College gehalten hat, um seine Auffassung der Rolle zu verdeutlichen, die die Operationen des Geistes und der ökologischen Determinationen bei der Arbeit des mythischen Denkens spielen, wenn es bestimmte Elemente des natürlichen Milieus zu signifikanten Systemen organisiert.[5] Für ihn ging es darum, an Ort und Stelle auf die Idealismusbeschuldigungen zu antworten, die von einer wachsenden Anzahl nordamerikanischer Anthropologen gegen ihn erhoben wurden, die in den Zwängen, die die Umwelt auf eine Gesellschaft ausüben, sowie in den adaptiven Antworten, die diese auf sie gefunden hat, den Ursprung und die Ursache für die meisten ihrer spezifischen kulturellen Besonderheiten sahen. In seinem Vortrag, in dem er eine Argumentation aufgriff, die er bereits in *Das wilde Denken* entwickelt hatte, war Levi-Strauss zu zeigen bemüht, dass die Art und Weise, wie eine Gesellschaft diesen oder jenen Aspekt ihres Lebensraums selektiert, um ihm besondere Bedeutung beizumessen und in ihre mythischen Konstruktionen zu integrieren, weder automatisch noch vorhersehbar ist. Denn benachbarte Kulturen identifizieren bei ein und demselben Tier oder bei ein und derselben Pflanze oft völlig verschiedene relevante Merkmale, so wie sie Arten, die zu verschiedenen Gattungen, ja Reichen gehören, eine identische symbolische Funktion geben können. Die Willkür, die in der Wahl der Unterscheidungsmerkmale herrscht, die dieser oder jener Komponente der lokalen Ökosysteme zugeschrieben wird, wird indes durch die Tatsache abgemildert, dass diese Merkmale zu kohärenten Systemen organisiert werden, die sich als Transformationen der einen in die anderen gemäß einer kleinen Anzahl von Regeln begreifen lassen. Kurz, auch wenn Mythen aus einander nahestehenden Stämmen zu ein und demselben Zweck völlig unterschiedliche Eigenschaften der Fauna und Flora verwenden können, so ist die Struktur dieser Mythen dennoch nicht zufällig und organisiert sich gemäß Spiegeleffekten der Inversion und der Symmetrie.

Zur Veranschaulichung dieser Grundprinzipien der strukturalen Anthropologie hatte Lévi-Strauss im Gildersleeve-Vortrag einige Mythen aus Nordamerika analysiert. Diejenigen, auf die die Kontroverse sich bezieht, stammen aus Britisch-Kolumbien und wurden von Franz Boas gesammelt. Die Bella Bella, ein Küstenstamm, erzählen, dass es einem von einer Menschenfresserin geraubten Kind nach verschiedenen Ereignissen gelingt, dank den Ratschlägen eines Schutzgeistes seine Freiheit wiederzuerlangen. Der Vater des Kindes konnte nun alle Reichtümer der Menschenfresserin an sich bringen – Kupferplatten, Pelze, gegerbte Häute, Trockenfleisch – und verteilte sie reihum, womit er den Potlatsch ins Leben rief. Doch die Art und Weise, wie sich das Kind seiner Entführerin entledigt, ist bizarr: nachdem es die Siphonen der von der Menschenfresserin gefangenen *clams* aufgelesen hat, steckt es sich diese an seine Fingerspitzen und schwenkt sie in Gegenwart der Menschenfresserin, womit es sie in solche Angst versetzt, dass sie rücklings ins Leere stürzt und den Tod findet. Warum aber, fragte sich Lévi-Strauss, soll sich eine riesengroße Menschenfresserin von diesen harmlosen kleinen Saughebern erschrecken lassen, die überdies so wenig geschätzt werden, dass sie als ungenießbar gelten?

Die Antwort auf dieses Rätsel sei in einem Mythos der Chilcotin zu finden, eines Stammes, der nicht weit von den Bella Bella entfernt ist, jedoch im Innern des Landes liegt, hinter der Bergkette, die einen großen Teil der kanadischen Pazifikküste säumt. Es ist die Geschichte eines kleinen Jungen, der von Eule geraubt wurde, einem mächtigen Zauberer, der ihn gut behandelte. Nach Jahren entdeckten die Eltern des Knaben seinen Zufluchtsort, und sie konnten ihn schließlich überreden, ihnen zu folgen. Da Eule Jagd auf sie machte, erschreckte ihn der junge Held, indem er seine Hände, die er mit Bergziegenhörnern bestückt hatte, wie Krallen ausstreckte. Außerdem hatte er Sorge dafür getragen, sich aller Zahnschnecken von Eule zu bemächtigen, kleiner weißer Muscheln, die seitdem das kostbarste Gut der Chilcotin darstellen. Man sieht ohne Weiteres, kommentiert Lévi-Strauss, dass der Bella Bella-Mythos und der Chilcotin-Mythos das gleiche narrative Grundmuster aufweisen, da sie beide die Geschichte eines Kindes erzählen, das künstliche Krallen benutzt, um sich seines Entführers zu entledigen und sich seiner Schätze zu bemächtigen. Doch auch wenn die verwendeten Listen und die verfolgten Ziele identisch sind, so sind die Mittel der ersteren und die Natur der zweiten umgekehrt symmetrisch; die *clam*-Siphonen, weiche und harmlose Gegenstände aus der Meereswelt, ermöglichen es, die irdischen Schätze der Menschenfresserin zu erbeuten, während die Bergziegenhörner, harte und gefährliche Gegenstände aus der Erdwelt, es ermöglichen, die Meeresschätze von Eule zu erbeuten. Lévi-Strauss zufolge erklärt sich diese Umkehrung sowohl durch die der mythischen Logik eigentümlichen Transformationsregeln als auch durch die ökologischen Materialien, von denen diese Logik lebt. Denn bei den Küstenstämmen gehören die Produkte des Meeres zum Alltag, während die Produkte, in deren Besitz die Menschenfresserin ist, durch Tausch von den Stämmen des Innern erworben werden, die sich mit ihrer Hilfe die begehrten Zahnschnecken beschaffen. Der Strom der Gegenstände ist also dem Chiasmus analog, der die mythische Transformation kennzeichnet: Der Anhang einer Molluske, von den einen abgewertet, unterhält mit der Schale einer anderen Molluske, von den anderen aufgrund ihrer Seltenheit aufgewertet, die gleiche Beziehung symmetrischer Inversion, wie sie zwischen der jeweiligen natürlichen Umgebung der beiden Populationstypen vorherrscht.

Einer solchen Interpretation musste Harris' Zustimmung versagt bleiben, in dessen Augen die meisten Mythen, Rituale oder Ernährungsweisen auf einen praktischen Nutzen zurückzuführen sind und sich weit besser durch die adaptive Funktion, die sie erfüllen, erklären als durch das Spiel schwer verständlicher geistiger Operationen. Tief getroffen von der Tatsache, dass der Gildersleeve-Vortrag in seiner Abwesenheit in einer Institution gehalten wurde, die zu der Universität gehört, an der er lehrt, warf Harris nun Lévi-Strauss in ziemlich bissigen Worten vor, nicht zu wissen, dass die bescheidenen Muscheln der Menschenfresserin in Wahrheit *horse clams* (*Tresus capax* (Gold)) seien, sehr große Bivalven, zweiklappige Schaltiere, deren Siphon das Wasser einen Meter hoch schleudern könne; dass dieser Siphon, weit davon entfernt, eine wenig geschätzte Nahrung zu sein, ein überaus proteinreicher Leckerbissen sei; dass er in einer krallenähnlichen Wucherung ende; dass er einen besonders toxischen roten Mikroorganismus enthalte, dessen verderbliche Wirkungen die Aufmerksamkeit der CIA erregt habe; dass er schließlich eine offenkundige Ähnlichkeit mit einem Penis aufweise, ein Terminus, mit dem die Bella Bella ihn bezeichnen.[6] Anders gesagt, unsere Menschenfresserin wird nicht von weichen und harmlosen kleinen Saughebern in Schrecken versetzt, sondern von den zehn riesigen und giftigen gehörnten Phalli, die das Kind vor ihrer Nase schwenkt. Es sei also nicht sinnvoll, den Chilcotin-Mythos zu bemühen, um den Bella Bella-Mythos zu erklären, ebensowenig wie komplizierte Chiasmen heranzuziehen, die überdies, Harris zufolge, von der Ethnografie der Gegend nicht gestützt würden.

Auf diese Kritik, deren »schleichenden Empirismus« er anprangert, antwortet Lévi-Strauss mit einem Feuerwerk an konchyliologischer und ethnografischer Gelehrsamkeit. Es genügt, hier den wesentlichen Punkt zu erwähnen: Alles weist darauf hin, dass die fraglichen Bivalven keine *horse clams* sind, sondern tatsächlich gewöhnliche *clams*, in einigen Varianten des Mythos sogar nicht spezifizierte Muscheln. Eine Owikeno-Version des Mythos der Menschenfresserin ersetzt im Übrigen die Siphonen durch Byssus, Bündel seidiger Fäden, mittels deren die Muscheln sich an die Felsen heften. Es ist also sinnlos, eine mythische Bedeutung unbedingt mit den spezifischen Eigenschaften eines besonderen Organs einer einzigen Molluskenart verknüpfen zu wollen. Der Inhalt der Mythen steht nicht in alle Ewigkeit fest, sie spielen mit einer Palette, auf der sich, wie im vorliegenden Fall, diverse empirische Veranschaulichungen ein und desselben Organs verteilen sowie verschiedener Organe, die von unterschiedlichen Tierfamilien stammen können. Die strukturale Analyse zeigt, dass sich alle Termini dieses Paradigmas vom mythischen Denken benutzen lassen, »unter der Bedingung, dass sie, um den Preis von Transformationen, die uns wiederherzustellen obliegt, Bedeutungen desselben Typus zum Ausdruck zu bringen erlauben, nicht jede auf eigene Rechnung, sondern durch Opposition zu anderen Termini, die gleichzeitig mit ihnen variieren«.[7]

Der Streit um die Muscheln war beendet, nicht aber das Grundproblem, dessen konjunktureller Ausdruck er war. Soll man die Kultur als ein Dispositiv zur Anpassung an die natürlichen Zwänge betrachten, in letzter Instanz erklärbar durch Mechanismen, die den Gesetzen der Materie und des Lebens unterliegen, oder hat man in ihr einen völlig anderen Bereich der Realität zu sehen, der mit der ökologischen Umwelt und den Erfordernissen des menschlichen Stoffwechsels rein zufällige Beziehungen unterhält? Anders gesagt, sind die Kulturwissenschaften autonom, oder können sie Genauigkeit nur dann erwerben, wenn sie den Naturwissenschaften einen Teil ihrer Methoden und einige ihrer Resultate entlehnen? Man wird hier eine Frage wiedererkennen, die die Epistemologie des 19. Jahrhunderts geklärt zu haben glaubte, die sich die Anthropologie jedoch fast achtzig Jahre später mit der gleichen Intensität weiterhin stellt. Um die Gründe für diese Fortdauer zu verstehen, müssen wir einen Augenblick auf die theoretische Position zurückkommen, zu deren Anwalt sich Lévi-Strauss' Gegner macht.

Die spekulative Ökologie

Marvin Harris ist der etwas heterodoxe Erbe einer materialistischen Strömung der nordamerikanischen Anthropologie, die sich in den 1950er Jahren um Julian Steward herausgebildet hat, dem Erfinder der »Kulturökologie«. Es war Stewards Ehrgeiz, in die Analyse der sozialen Realitäten die geografische Kausalität einzuführen als ein Mittel, den Komparatismus wissenschaftlich zu begründen, womit er einen Plan aufgriff, den zuvor Clark Wissler und Alfred Kroeber veranschaulicht hatten, als sie sich bemühten, zwischen den Kulturarealen der Indianer Nordamerikas und den ökologischen Zonen des Kontinents eine Korrelation herzustellen.[8] Doch im Unterschied zu letzteren, die noch vom Einfluss des deutschen Diffusionismus geprägt waren[9], sah Steward sein Unternehmen in einer deutlich evolutionistischen Perspektive. Es ging darum, in der Morphologie und in den sozialen Funktionen, die zu unterschiedlichen Kulturarealen gehören, jedoch ähnlichen Umweltbedingungen unterworfen sind, Konstante zu isolieren und dann die Veränderungen zu erklären, die diese Gesellschaften infolge der sukzessiven Neuorganisationen ihrer Anpassungsmodi an das Milieu unter dem Einfluss verschiedener Arten von Druck erfahren haben. Steward zufolge wirken die ökologischen Zwänge offenkundiger auf den »kulturellen Kern« (*cultural core*) ein – Zusammenfügen von Techniken, Verhaltensweisen und Institutionen –, die mit der Ausbeutung der natürlichen Ressourcen zusammenhängen. Der Brennpunkt einer Gesellschaft, ihr dynamisches Gerüst bestehen also aus diesen Sektoren der sozialen, politischen und religiösen Systeme, von denen sich aufzeigen lässt, dass sie unmittelbar in den Umgang mit einem Milieu eingreifen: die Verteilung des Habitats, die Arbeitsteilung, die Autoritätsfunktionen, die Arten der Weitergabe von Rechten an den Ressourcen, die mit der Produktion der Subsistenzmittel verbundenen Zeremonien usw. Aufgrund der postulierten Homologie ihrer kulturellen Kerne lassen sich infolgedessen Gesellschaften, die sich dem Anschein nach stark voneinander unterscheiden, in Typen zusammenfassen – patrilineare Horde, Stamm oder Häuptlingstum –, die für Stadien einer Evolution mit vielfältigen Verläufen repräsentativ sind.[10]

Eine solche Erklärung lässt allerdings viele kennzeichnende Elemente durch die Maschen ihres Netzes schlüpfen – die Ästhetik, die moralischen Werte, die Mythologie, bestimmte religiöse Vorstellungen oder rituelle Haltungen –, die von den Dispositiven der Anpassung an die Zwänge der Umwelt abgekoppelt zu sein scheinen und daher einer nicht deterministischen Interpretation unterliegen. Für Steward hängen diese »sekundären Merkmale« von den Zufällen einer kulturellen Entlehnung oder lokaler Innovation ab, und zwar deshalb, weil ihre Inhalte und Ausdrucksweisen so unterschiedlich sind und ihre Besonderheiten von denen, die sich zu ihnen bekennen, als Symbole ihrer kollektiven Identität so stark betont werden, dass alle diese Stil- und Wertunterschiede die tiefen strukturellen Analogien kaschieren, die zwischen Gesellschaften mit vergleichbaren Ökosystemen und ähnlichem technisch-ökonomischem

Kern existieren. Daher die Zwiespältigkeit von Stewards Vorgehen – auffällig in seinen Arbeiten der Synthese über die südamerikanischen Kulturareale –, der eine evolutionistische und deterministische Perspektive bei der vergleichenden Analyse der soziokulturellen Mechanismen der Anpassung an ein Milieu mit einem diffusionistischen und relativistischen Standpunkt kombiniert, sobald es darum geht, die immateriellsten Aspekte der Kultur zu behandeln.[11]

Einige Forscher, die sich auf Stewards geistiges Erbe berufen, setzten diesen Weg fort. Zum größten Teil Archäologen, bemühten sie sich, die Ursachen für die diachronischen Variationen in der soziokulturellen Evolution anhand einer Untersuchung der Systeme der Interaktion zwischen einem Habitat und Techniken zu finden. Die Methode ist einfach, ja simplistisch: Es geht darum, einen begrenzenden ökologischen Faktor zu isolieren – die differenzielle Fruchtbarkeit der Böden zum Beispiel –, der es ermöglichen soll, die Variationen des institutionellen Komplexitätsgrads zu erklären, der von den diesem Zwang unterworfenen Gesellschaften erreicht wurde.[12] Andere dagegen, in erster Linie Harris, versuchen, die epistemologische und methodologische Schwierigkeit zu beheben, die Steward nicht zu überwinden vermochte, nämlich die Zuhilfenahme zweier Arten von je nach den Sektoren einer Gesellschaft völlig verschiedenen Erklärungen: deterministisch und evolutionistisch, was den sozialen Gebrauch der Ressourcen betrifft, diffusionistisch und akzidentell, was die Religion und die Werte betrifft. Und sie tun es, indem sie dem von Steward gebahnten, aber nur unvollkommen fortgesetzten Weg folgen, das heißt, indem sie versuchen, die »sekundären Merkmale« in das endlich vereinheitlichte Feld des ökologischen Determinismus zu integrieren. Die bizarren abergläubischen Vorstellungen, die scheinbar funktionslosen Bräuche, die großen Bewegungen des religiösen Imaginären, die den Begründer der Kulturökologie aufgehalten hatten, werden nunmehr transparent. Für seine kühneren Nachfolger sind der rituelle Kannibalismus, die Nahrungsverbote, die mittelalterliche Zauberei oder die messianischen Bewegungen nichts anderes als Antworten der Anpassung an die Zwänge einer gegebenen Umwelt. Indem sie es sich zur Aufgabe machen, »die Rätsel der Kultur« zu lösen, wie Harris es nennt, kann sich der ökologische Determinismus, nun in »Kulturmaterialismus« umgetauft, dank einer einheitlichen Erklärungsmethode in der Gesamtheit des sozialen Feldes entfalten.[13]

Das derart annektierte soziale Feld ist indes in seiner Autonomie sonderbar eingeengt worden: ein simples Epiphänomen von Mechanismen und Prozessen, die der biologischen Kausalität unterliegen. Eine ausgezeichnete Veranschaulichung dieses Reduktionismus findet man in der von Eric Ross vorgelegten Erklärung des den Faultieren geltenden Nahrungstabus bei den Jívaro-Indianern.[14] Dieser Autor, ein Schüler von Harris, geht von der Hypothese aus, dass das Verbot, das den Verzehr des Tapirs und der Hirschtiere betrifft und vielen amerindianischen Populationen Amazoniens gemeinsam ist, die Übersetzung einer unbewussten Optimierung der Zuteilung der Arbeitsmittel in ein kulturelles Prinzip sei: in Bezug auf die Beziehungen zwischen verausgabter Energie und erzeugter Energie soll die Jagd auf die seltenen und scheuen großen Säugetiere kostspieliger sein als die Verfolgung des relativ reichlichen und leicht zu erlegenden Kleinwilds. Eine seltsame Berechnung der Optimierung, die von einer von den neoklassischen ökonomischen Prinzipien abgeleiteten Theorie der rationalen Entscheidung inspiriert ist, die Überlegung eines Akteurs jedoch ausspart, da es eines Tabus bedarf, um sie operativ werden zu lassen. Das liegt vermutlich daran, dass die Jívaro noch nicht das vollkommene Verständnis der Arbeitsmittel und Ziele des modernen *homo oeconomicus* erreicht haben und ein wenig Nachhilfe von Seiten eines mysteriösen kollektiven Unbewussten benötigen, um ihre Subsistenztechniken effizienter zu gestalten.

Eine solche Hellsicht der Kultur krankt zudem an Ausnahmen, da die Jívaro, nicht genug damit, den Tapir und den Hirsch zu verbieten, auch den Verzehr kleinerer und weniger seltener Säugetiere wie des Faultiers untersagen. Und da das utilitaristische Denken unnötige Institutionen verabscheut, muss die adaptive Funktion erklärt werden, die dieses anscheinend von keiner ökonomischen Rationalität gerechtfertigte Nahrungstabu erfüllt. Und so stützt es sich auf die Idee, dass sich die Faultiere von bestimmten Pflanzen ernähren, die die anderen Säugetierarten verschmähen, und dass sie daher die Einzigen sind, die diesen spezifischen Teil der pflanzlichen Biomasse in tierische Biomasse umwandeln können. Zudem sollen ihre Exkremente die Fruchtbarkeit des Bodens garantieren und damit das Wachstum bestimmter Bäume fördern, deren Früchte just von mehreren Affenarten gefressen werden, die die Jívaro jagen. Ross zufolge sollen diese friedlichen zahnlosen Tiere also eine absolut grundlegende Rolle in der Nahrungskette spielen, die von einer Gruppe nur von ihnen verwendbarer Pflanzenarten zu einer Tierpopulation reicht, die für den Menschen eine wichtige Proteinquelle bildet. Und ein weises und vorausschauendes Tabu soll dazu bestimmt sein, ebendiese Rolle am Leben zu erhalten.

Genial und naiv zugleich, verrät diese Argumentation à la Pangloss die Schwäche dessen, was man eine spekulative Ökologie nennen könnte. So pflegten meine Jívaro-Gefährten mit ein wenig scherzhafter Übertreibung zu sagen, dass das Faultier einen ganzen Mondumlauf lang nicht zu defäkieren brauche, eine Periodizität, die die pedantischeren Naturalisten auf eine Woche reduzierten. Selbst wenn man seine eingeschränkte Beweglichkeit berücksichtigt, darf man also bezweifeln, dass dieses Muster an Kontinenz imstande ist, durch seine Exkremente zu einer signifikanten Anreicherung der Böden unter ihm beizutragen. Was die Ursache-Wirkung-Beziehung zwischen dieser bescheidenen Bodenverbesserung und der Demografie der Affen sowie zwischen dieser und der ausgewogenen Ernährung der Jívaro betrifft, so überlasse ich es dem Leser, sich selbst eine Meinung zu bilden. Abgesehen von seiner lässigen Behandlung der biologischen und ökologischen Gegebenheiten zeugt dieses Vorgehen vor allem von einem extravaganten Reduktionismus aufgrund seines Vorhabens, die Erklärung einer sozialen Institution – eines Nahrungsverbots – allein von den hypothetischen Interaktionen zwischen nichtmenschlichen Organismen abhängig zu machen. Der Untersuchungsgegenstand wird zwar als »kulturell« erkannt, als zufällige Regel, die einer besonderen Gesellschaft eigentümlich ist; doch die Analysemethode spricht dem Tabu diese Besonderheit ab, da sie sie als die letzte funktionale Antwort auf eine Reihe von Anpassungen unter den tierischen und pflanzlichen Populationen betrachtet. Es wird also der Biologie die Aufgabe übertragen, ein kulturelles Phänomen zu rechtfertigen, jedoch einer zum Teil imaginären Biologie, einer Mischung aus naiver Teleologie und halbgelehrten Spekulationen, die eher an die Naturalisten der Renaissance als an die wissenschaftliche Ökologie erinnert.

Die Rätsel der Kultur sollen sich also durch natürliche Ursachen erklären lassen, doch dieses Postulat des ökologischen Materialismus, weit davon entfernt, die Zuständigkeiten der Naturwissenschaft bzw. der Kulturwissenschaft auf den Kopf zu stellen, verstärkt vielmehr innerhalb letzterer die Methoden-Trennung, die einer solchen Unterscheidung zugrunde liegt. Da ihre intellektuellen Ursprünge im Deutschland des 19. Jahrhunderts liegen, hat sich die amerikanische Anthropologie sehr früh dafür entschieden, die kulturellen Realitäten als Phänomene *sui generis* zu behandeln, die in besonderen Sprachen und gemäß besonderen historischen Wegen zum Ausdruck kommen und daher einer inneren Interpretation bedürfen, die den Stempel des systematischen Relativismus trägt. Und der Kritik dieses Relativismus gilt Harris' Kampf für eine wirklich wissenschaftliche Herangehensweise an die Kultur und nicht der Infragestellung der Legitimität des Dualismus von Natur und Gesellschaft: Die Untersuchung der Kultur ist für ihn durchaus die Aufgabe der Anthropologie, unterstützt von den Naturwissenschaften, der sie bestimmte Wege entlehnt. Kurz, die epistemologische Spannung zwischen den Naturwissenschaften und den Humanwissenschaften hat sich ins Zentrum der nordamerikanischen Anthropologie verlagert, ohne dass das Verständnis, das diese ihrem Gegenstand entgegenbringt, oder die weitgehend implizite Gnoseologie, die dessen Aneignung organisiert, davon berührt wurden.

Die zwei Naturen bei Lévi-Strauss

Kehren wir nun zur Position von Lévi-Strauss zurück. Weit davon entfernt, sich zum Anwalt eines bedingungslosen »Mentalismus« zu machen, wie Harris ihm vorwirft, verkörpert er im Gegenteil einen weit radikaleren naturalistischen Ansatz als die des ökologischen Determinismus. Freilich handelt es sich nicht um die gleiche Natur. Die von Harris beschränkt sich auf die Zwänge, die eine geografische Umwelt angeblich auf die Entwicklung des sozialen Lebens ausübt, während sich Lévi-Strauss in erster Linie auf die organischen Mechanismen der menschlichen Kognition bezieht: Im ersten Fall handelt es sich um die Natur als Ensemble der Nichtmenschen, die die Menschen beeinflussen, im zweiten um die Natur als biologisches Gerüst der *conditio humana*. Tatsächlich interessiert sich Lévi-Strauss recht wenig für die erstere Naturauffassung, die materielle Basis, mit der die Gesellschaften zurechtkommen müssen; ihm zufolge fällt die Kenntnis dieses Aspekts der Realität in den Bereich der Ethnografie, der Geschichtswissenschaft und der Kulturtechnologie, nicht in den der strukturalen Anthropologie, die sich vor allem mit der Untersuchung der Ideologien befasst, hier verstanden als Ideensysteme. Dagegen war er stets der Überzeugung, dass die biologische Natur der Menschen die intellektuellen Operationen bedingt, dank denen die Kultur einen empirischen Inhalt erhält, und er hegte sogar die Hoffnung, dass sich die Interpretation der Produktionen des Geistes eines Tages allein auf die Physiologie des Gehirns stützen könnte – ein physikalistisches Bekenntnis, das, wie man mühelos erkennt, von einem Materialismus zeugt, der unvergleichlich radikaler ist als alles, was Harris je geschrieben hat. Daraus ergibt sich bei Lévi-Strauss eine seltsame Verbindung zwischen einerseits einem zur Schau gestellten Desinteresse an dem, was er in Marxschen Termini »den Bereich der Basis« nennt, die technische und institutionelle Organisation des materiellen Stroms, und andererseits einer offen bekannten Erkenntnistheorie, die sich von dem gewöhnlichen kognitiven Realismus abwendet und den Akzent auf die Tatsache legt, dass der Geist sowohl das ist, was der Welt Sinn verleiht, als auch ein Teil, ja eine Folgeerscheinung ebendieser Welt.

Diese paradoxe Verbindung einer Form von Idealismus mit einer Form von Materialismus veranschaulicht der Gildersleeve-Vortrag auf beredte Weise. Getreu seiner persönlichen Gnoseologie weist Lévi-Strauss hier den Gegensatz zwischen Materie und Geist zurück und ersetzt ihn durch das für gleichwertig erachtete Spiel zweier Determinismen, die simultan und komplementär wirken: Der eine, technologischer Art, erlege dem Denken Zwänge auf, die sich aus der Beziehung ergeben, die eine Gesellschaft zu einem besonderen Milieu unterhält; der andere bringe die Forderungen zum Ausdruck, die der Funktionsweise des Geistes eignen und deshalb von universeller Bedeutung sind. Um die Funktionsweise der ersten Art des Determinismus zu verstehen, bedarf es einer genauen Kenntnis der objektiven Merkmale der natürlichen Gegenstände, die der Geist in einem gegebenen kulturellen Kontext selektiert, um sie zu signifikanten Ensembles zusammenzufügen: Will man die Rolle erklären, die dieser oder jener Vogel in diesem oder jenem Mythos spielt, dann muss man so viel wie möglich über ihn wissen, sodass man begreifen kann, warum ein bestimmter Zug seiner Morphologie oder seines Verhaltens selektiert wurde, um diese oder jene Eigenschaften zu veranschaulichen, die der Mythos in Szene setzt. Bekanntlich hat Lévi-Strauss selbst immer darauf geachtet, sich so umfassend wie möglich über die Fauna, die Flora und die Geografie der Populationen zu informieren, deren Mythen er untersuchte, da diese Kenntnisse ihm unerlässlich waren, um festzustellen, auf welche Weise benachbarte Gesellschaften sich der verschiedenen Merkmale der lokalen Umwelt bedienen, damit sie entsprechende mythische Funktionen erfüllen. Doch was Lévi-Strauss in erster Linie interessiert, ist die Aufdeckung der Gesetze des Denkens, also die zweite Art des Determinismus, derjenige der es ermöglicht zu verstehen, wie der Geist in anderen sprachlichen und geografischen Kontexten arbeitet, in denen er den Zwängen unterworfen ist, die ihm die lokalen Besonderheiten der physischen und sozialen Umgebung bei der Wahl der Materialien auferlegen, mit denen er arbeiten wird. Die Mythen bieten ein erstklassiges Feld zur Erforschung des so verstandenen geistigen Determinismus, da sie nicht die Funktion haben, eine äußere Realität objektiv darzustellen, und deshalb mit ganz besonderer Schärfe die Operationen eines Geistes aufzeigen können, der sich selbst zum Gegenstand nimmt.

Die Symmetrie des geistigen Determinismus und des milieubedingten Determinismus, den Lévi-Strauss in dem Gildersleeve-Vortrag mit Nachdruck bekräftigt, ist also weitgehend illusorisch. Denn die physische Umgebung hat in seinem Werk letztlich nur eine sehr sekundäre Funktion, nämlich die, dem mythischen Denken natürliche Gegenstände zu liefern, deren Eigenschaften sich gut symbolisieren lassen, eine fraglos nützliche Funktion, die aber verständlicherweise die Erwartungen der Anhänger der praktischen Kausalität à la Marvin Harris enttäuschen musste. Die Gleichgültigkeit gegenüber dem Einfluss ökologischer Faktoren auf die Organisation des sozialen Lebens, von der Lévi-Strauss zeugt, ist das Gegenstück zu seiner Behauptung, er interessiere sich nur für die Untersuchung des »Überbaus«, in Fortsetzung dessen, sagt er, was Marx lediglich skizziert habe. So formuliert, bestätigt diese Wahl eine Trennung zwischen der materiellen Tätigkeit und ihren Zwängen einerseits und dem symbolischen Gerüst dieser Tätigkeit andererseits, eine Trennung, die Lévi-Strauss indes vermeiden wollte, indem er eine monistische Erkenntnistheorie empfahl, in der die Eigenschaften des Kosmos und die Zustände der Subjektivität einander entsprächen. Denn auf der Etage des Überbaus, auf die die Natur sich somit gehoben sieht, wird sie gleichsam zum Depot sinnlicher Eigenschaften, aus der der Geist nur noch Gegenstände zu schöpfen braucht, die er in Zeichen verwandeln kann, eine »gut zu denkende« Natur, um die berühmte Formel von Lévi-Strauss aufzugreifen, aber kaum mehr als das. Diese passive und reichlich veranschaulichte Natur, die man wie eine Abhandlung der Botanik oder der Zoologie durchblättert, ist natürlich nicht die hyperaktive, überwältigende und fast teleologische Natur, deren Fantasiebild der geografische Determinismus gezeichnet hat; aber sie ist auch nicht mehr die andere Natur, auf die Lévi-Strauss sich häufig bezieht, die organische Natur unserer Art, die für die Homogenität der geistigen Vorgänge bei allen Menschen sorgt und das Versprechen birgt, dass man eines Tages ihre Mechanismen wird erklären können. Sosehr die Natur als Sammelbecken für Nichtmenschen lediglich auf eine Randposition reduziert wird – dem Denken als Nahrung zu dienen –, sosehr wird der organischen Natur des Menschen eine herausragende Funktion zuteil, nämlich diejenige, die Operationen des Geistes in Einklang mit den Eigenschaften der Materie zu strukturieren. Denn für Lévi-Strauss unterscheiden sich die strukturalen Eigenschaften der dem Menschen äußerlichen Realität weder von den Codes, mit deren Hilfe das Nervensystem sie entziffert, noch von den Kategorien, deren der Verstand sich bedient, um den Merkmalen der physischen Gegenstände Rechnung zu tragen; kurz, »der Geist vollzieht Operationen, die sich ihrem Wesen nach nicht von denen unterscheiden, wie sie sich [...] in der Welt abspielen«.[15]

Diese physikalistische Erkenntnistheorie, die ohne zu zögern den Signifikationsprozess selbst naturalisiert, ermöglicht es Lévi-Strauss, jeglichen philosophischen Dualismus zurückzuweisen, was ihn nicht daran hindert, außerdem einen perfekten Dualismus der Methode einzusetzen. In seinen Mythenanalysen nämlich wird die physische Umgebung nicht »als Natur« behandelt, das heißt als ein Ensemble von Wirkungen der Kausalität, der strukturalen Eigenschafen und der molekularen Verbindungen, ein Ensemble, das von der perzeptiven und kognitiven Maschinerie codiert, decodiert und neukombiniert werde. Dazu bedürfe es wissenschaftlicher Werkzeuge, die wir bei Weitem noch nicht besitzen. Die dem Menschen äußerliche Natur werde eher in einer Art Lexikon von Unterscheidungsmerkmalen hypostasiert, mit dessen Hilfe die Sinnesorgane und das Gehirn gemäß einer ihnen eigenen Syntax Texte hervorbrächten. Und wenn letzten Endes die Analyse der Mythen möglich ist, dann genau deshalb, weil das Lexikon der nichtmenschlichen Naturen entsprechend der Umgebung variiert, mit der jede Kultur zurechtkommen muss, während dagegen die natürliche Grammatik des Verstandes, der diese Elemente zu Aussagen organisiert, unverändert bleibt. Daher das Paradoxon der strukturalen Anthropologie, die eine monistische Auffassung des Geistes und der Welt zur Legitimation einer Analysemethode macht, in der der natürliche Relativismus – die Vielfalt der Milieus – eine Rolle spielt, die sonst dem Kulturrelativismus zufällt. Man sieht, dass im Gegensatz zu den Vorwürfen, die besonders in den Vereinigten Staaten gegen ihn erhoben werden, Lévi-Strauss kein simpler Dualist ist, der sich abmüht, Natur und Kultur, Körper und Geist, Intellekt und Gefühl zu trennen, indem er hemmungslos das Denken und die Institutionen der schriftlosen Völker mittels ebenso abstrakter wie unüberprüfbarer binärer Gegensätze verdinglicht.[16] Wenn man Beispiele für einen wörtlichen Gebrauch des Gegensatzes zwischen Natur und Kultur zu finden wünscht, dann sind sie weniger bei ihm zu suchen als bei Autoren – Ethnologen oder Historikern –, die von ihm beeinflusst wurden und bestimmte elementare Verfahren der strukturalen Analyse als Rezepte benutzen, ohne wirklich zu ermessen, wie wenig diese von einer monistischen Erkenntnistheorie zu trennen ist, die den Dualismus der Methode zum Teil annulliert.

Ich will nur ein einziges Beispiel anführen, mit Vorsatz der britischen Anthropologie entnommen, wo Lévi-Strauss'

Unterfangen vor allem als Mittel wahrgenommen wurde, dem Funktionalismus der Durkheimschen Soziologie zu entrinnen, ohne deshalb auf die ihn begründenden Prinzipien zu verzichten. In einem insofern berühmt gewordenen Aufsatz, als er eine lebhafte Polemik unter den Feministinnen auslöste, legte Edwin Ardener die Anfang der 1970er Jahre ziemlich neue Idee dar, der zufolge der Standpunkt der Frauen in der ethnologischen Literatur deshalb wenig vertreten sei, weil die Informanten der Ethnografen beiderlei Geschlechts in ihrer großen Mehrheit Männer sind.[17] Seine Worte mithilfe des Beispiels der Bakweri aus Kamerun verallgemeinernd, merkte er an, dass die Stimme der Frauen umso unhörbarer sei, als ihre Kosmologie von den Ethnografen schwer zu akzeptieren ist: Im Gegensatz zu den Männern, die sich die Gesellschaft als eine von der Natur genau abgegrenzte autonome Totalität vorstellen und daher die Institutionen und die Regeln dieses von ihnen kontrollierten Bereichs gern erläutern, hätten die Frauen die Tendenz, sich am Rand der männlichen und sozialen Sphäre anzusiedeln, an der Schnittstelle zwischen der wilden Natur und der dörflichen Welt. Ardener beruft sich auf Lévi-Strauss, kreidet ihm jedoch an, in Zweifel gezogen zu haben, dass der Gegensatz zwischen Natur und Kultur in der Ordnung der Dinge verwurzelt sei; für den englischen Anthropologen dagegen besitzt dieser Gegensatz eine unanfechtbare objektive Grundlage; sie ergebe sich aus der logischen Notwendigkeit, zwei Arten von differenziellen Unterschieden zwischen anatomischen Strukturen in Übereinstimmung zu bringen – den Unterschied zwischen den Geschlechtern und den zwischen Menschen und Nichtmenschen. Daher rühre seiner Meinung nach die Gleichsetzung der Frauen mit der Natur einerseits und der männlichen Welt mit der Kultur andererseits, entsprechend einer Unterscheidung zwischen dem Selbst und dem Nichtselbst, dem

Vertrauten und dem Wilden, dem Einheimischen und dem Fremden. Analysen dieser Art sind zu weit verbreitet, als dass man sich dabei aufzuhalten braucht. Da sie in der strukturalen Anthropologie lediglich ein Verfahren von verlockender Einfachheit sehen, meinen diejenigen, die auf sie zurückgreifen, der Pflicht enthoben zu sein, der Komplexität des Realen Rechnung zu tragen, sobald sie Objekte, Personen, Attribute und Beziehungen auf eine zweispaltige Tabelle verteilt haben. Dann wird die Dichotomie substantivisch und verhindert jede genauere Wahrnehmung der Art und Weise, wie die diversen Gesellschaften die unterscheidenden Gegensätze organisiert haben, mittels deren sie ihre Beziehungen zur Welt und zu anderen vermitteln.

DER ANTHROPOLOGISCHE DUALISMUS

Warum wurde der Kontroverse zwischen »Materialismus« und »Mentalismus« in der Anthropologie – um die wenig nuancierte Terminologie aufzugreifen, die früher in den Vereinigten Staaten im Schwange war – ein so großer Platz eingeräumt? Erweist man damit nicht dem vergangenen Zustand einer Disziplin zu viel Ehre, die seitdem die intellektuellen Mittel gefunden hat, diese Sackgassen zu überwinden? Keineswegs. Denn der naturalistische Reduktionismus und der semiologische Idealismus sind noch immer genauso lebendig und bilden auch heute noch die beiden Pole eines epistemologischen Kontinuums, in dem sich all jene situieren müssen, die sich bemühen, die Beziehungen zwischen den Menschen und den Nichtmenschen besser zu verstehen. Zwar nimmt niemand die extremen Positionen ein, vor allem nicht in Frankreich, wo der geografische Possibilismus dauerhaft die Art und Weise geprägt hat, wie die Sozialwissenschaften die Beziehungen zwischen den Gesellschaften und ihren Milieus auffassen, doch den beiden Polen der Kontroverse kommt das Verdienst zu, in besonders deutlicher Form die Widersprüche sichtbar zu machen, in die sich die Anthropologie verwickelte, als sie behauptete, die Welt lasse sich in zwei genau getrennte Bereiche von Phänomenen aufteilen, deren wechselseitige Abhängigkeit es dann aufzuzeigen gelte. Am einen Ende wird man versichern, dass die Kultur ein Produkt der Natur ist, ein sehr bequemer generischer Terminus, unter dem man wild durcheinander kognitive Universalien, genetische Bestimmungen, physiologische Bedürfnisse oder geografische

Zwänge einordnen kann; am andern Ende wird man mit Nachdruck daran festhalten, dass die Natur, sich selbst überlassen, stets stumm, vielleicht sogar an sich nicht zu erkennen ist, dass sie als beweiskräftige Realität erst dann zur Existenz gelangt, wenn sie in die Zeichen und Symbole übersetzt wird, mit denen die Kultur sie ausstaffiert.

Natura naturans, natura naturata

Will man dieser Alternative eine bildhaftere Kraft verleihen, dann ist es nicht verboten, auf die Unterscheidung zwischen *natura naturans* und *natura naturata* zurückzugreifen, deren Spinoza sich bedient hatte, um die Verbindungen zwischen Gott als Ursache aller Dinge einerseits und der Gesamtheit der aus dieser unpersönlichen Instanz resultierenden Vorgänge, Objekte und Mittel, sie zu erkennen, andererseits aufzuzeigen. Dieses Begriffspaar ermögliche es, einen Gegensatz zu entwerfen zwischen der »schaffenden Natur« als Quelle absoluter Determination und der »geschaffenen Natur« als Aktualisierung dieser Determination in den Weisen zu sein, zu denken und zu handeln, die sich unabhängig von der Ursache, die sie hervorgebracht hat, untersuchen lassen.[18] Allerdings besteht der Nachteil, den Zustand eines Problems durch die beiden extremen Pole eines polemischen Gegensatzes zu charakterisierten, darin, dass diese Methode die Zwischenzustände, die Kompromisse, die verschiedenen Formen des Vergleichs auszuschließen scheint. Doch man kann versucht sein, zwischen den strengen Naturalisten der schaffenden Natur und den konzessionslosen Kulturalisten der geschaffenen Natur, dem schroffen Weg zu folgen, der die beiden Seiten trennt, einem fast unbegehbaren Steilpfad, auf dem man leicht auf die eine oder die andere Seite abrutschen kann.

Viele Geografen, Soziologen, Anthropologen, Philosophen haben sich bemüht, einen dialektischen Ausweg zu finden, der es ermöglicht, die Konfrontation der beiden Dogmatismen zu vermeiden. Einige, wie Maurice Godelier, haben versucht, »das Ideelle und das Materielle« in der Analyse der Rolle des Denkens und der physischen Realitäten bei der Herstellung der sozialen Beziehungen zu verknüpfen[19]; andere, wie Augustin Berque, haben die Werkzeuge der »*trajectivité*« der Milieus definiert, anders gesagt, ihre Fähigkeit, gleichzeitig als objektive und als subjektive Realitäten erfasst zu werden[20]; wieder andere schließlich, wie ich selbst es früher getan habe, haben sich bemüht, die Wege und Umwege einer »häuslichen« Natur zu erkunden, das heißt einer Natur, die anhand der Prinzipien, die das soziale Leben organisieren, wahrgenommen und erlebt wird.[21] Doch derartige Vermittlungsbemühungen müssen vergeblich bleiben, da sie darauf hinauslaufen, zwei Seiten der Welt mit sehr groben Stichen wieder zusammenzunähen, die unsere dualistische Kosmologie aufgetrennt hatte, wobei die von der Naht zurückgelassene sichtbare Narbe die Spaltung eher betont als zum Verschwinden bringt. Man sieht nicht recht, wie eine solche Versöhnung zustande kommen sollte, solange an der Prämisse festgehalten wird, die dieser Kosmologie zugrunde liegt, nämlich an der Existenz einer universellen Natur, die von einer Vielfalt heterogener Kulturen kodiert wird, oder der diese sich anpassen. Man wüsste nicht, wie sich auf der Achse, die von einer vollkommen natürlichen Kultur zu einer vollkommen kulturellen Natur führt, ein Gleichgewichtspunkt finden ließe, lediglich Kompromisse, die sich dem einen oder dem anderen Pol annähern. Dies ist das unlösbare Problem, das die Anthropologie, eine Tochter des modernen Denkens, in ihrer Wiege vorgefunden hat und das sie seitdem zu lösen versucht, sodass diese Wissenschaft, nach einer Metapher von Marshall Sahlins, wie ein Gefangener gezwungen ist, seit einem Jahrhundert in seiner Zelle zwischen der Mauer der Zwänge des Geistes und der Mauer der praktischen Determinationen hin- und herzugehen.[22]

Dass man uns nicht missversteht: Diese Bemerkungen beabsichtigen keineswegs, unsere Kosmologie zu verdammen und ihr alle Übel anzulasten, an der die Modernen angeblich kranken. Der Dualismus von Natur und Kultur ist eine Weise unter anderen, Kontinuitäten und Diskontinuitäten in den Falten der Welt aufzuspüren, und es gibt keinen Grund, diese ontologische Verteilung, die uns seit nunmehr über einem Jahrhundert vertraut ist, für vernunftwidriger oder willkürlicher zu halten als eine andere. Sie hat zumindest das Verdienst, in klarer Weise einen Bereich der Positivität für die Sozialwissenschaften abzugrenzen, was anderswo noch nie geschehen war und was die Versuche zur Überwindung möglich macht, wie denjenigen, den ich gegenwärtige unternehme. Abgesehen davon kompliziert ein solches Erbe die Aufgabe der Anthropologie ungemein, die insbesondere darin besteht, zu begreifen, wie Völker, die unsere Kosmologie nicht teilen, von uns unterschiedene Realitäten für sich selbst erfinden konnten, womit sie von einer Kreativität zeugen, die sich nicht mit der Elle unserer eigenen Leistungen messen lässt. Dies aber kann der Anthropologie solange nicht gelingen, wie sie unsere eigene Realität für eine universelle Gegebenheit der menschlichen Erfahrung hält, unsere Art, Diskontinuitäten in der Welt festzustellen und konstante Beziehungen in ihr zu erkennen, unsere Art, Entitäten und Phänomene, Vorgänge und Handlungen auf Kategorien zu verteilen, die aufgrund der Textur und der Struktur der Dinge dazu prädestiniert sein sollen. Diese Unfähigkeit ist um so paradoxer, als die Anthropologie seit ihren Ursprüngen nicht aufgehört hat, einen Relativismus der Methode zu verkünden, indem sie vernünftigerweise versichert, dass die Untersuchung der Sitten und Institutionen eine Aussetzung des Urteils erfordere, und in allererster Linie verlangt, man möge die im Ursprungsland des Beobachters geltenden gesellschaftlichen Normen nicht als Richtmaß nehmen, an dem der Unterschied zu den anderen bestehenden Normen gemessen werden müsste.

Dennoch hat die Anthropologie eine merkwürdige Zaghaftigkeit befallen, als sich dieser methodische Zweifel auch auf unsere Kosmologie erstrecken sollte, entweder weil man implizit meinte, diese werde von allen geteilt, und überall hätten die Menschen zu unterscheiden gewusst, was zur Natur und was zur Gesellschaft gehört, oder auch weil man der Meinung war, diese Trennung zwischen zwei Ordnungen von Phänomenen sei ein ebenso transhistorisches wissenschaftliches Werkzeug wie das Periodensystem der Elemente. Das aber ist in beiden Fällen falsch: Erst seit dem letzten Drittel des 19. Jahrhunderts setzt sich in Europa der Dualismus von Natur und Kultur als epistemologisches Instrument durch, das es ermöglicht, eine Unterscheidung zu treffen zwischen verschiedenen Ordnungen von Phänomenen und zugleich zwischen unterschiedlichen Mitteln, sie zu erkennen. Zwar erfährt die Idee der Natur ihre ersten stammelnden Äußerungen im antiken Griechenland, und sie bildet den Angelpunkt, um den sich im 17. Jahrhundert die wissenschaftliche Revolution entfaltet. Diese legitimiert die Idee einer mechanischen Natur, in der sich das Verhalten jedes einzelnen Elements durch Gesetze innerhalb einer Totalität erklärt, die als die Summe der Teile und als Interaktionen dieser Elemente betrachtet wird. Doch diese Natur, sowohl autonomer ontologischer Bereich wie Forschungs- und Experimentierfeld der Wissenschaft und verfügbarer Gegenstand für die Ausbeutung und Verbesserung, hat noch kein kollektives Gegenüber. Bis besondere und durch Sitten, Sprache und Religion differenzierte Kollektive – das, was wir heute Kulturen nennen – als wissenschaftliche Gegenstände auftauchen, die sich anhand ihrer Merkmale dem Feld der natürlichen Regelmäßigkeiten gegenüberstellen lassen, muss man auf die 1880er Jahre und die intensiven Debatten warten, die, vor allem in Deutschland, zur Unterscheidung der Methoden und Gegenstände der Naturwissenschaften von denen der Kulturwissenschaften führen.[23] Dieser Gegensatz ist also in keiner Weise universell. Auch ist er nicht beweisbar. Bei den Gegenständen der Welt zu unterscheiden, was der menschlichen Intentionalität und was den universellen Gesetzen der Materie und des Lebens unterliegt, ist ein ontologischer Vorgang, eine Hypothese und eine Wahl hinsichtlich der Beziehungen, die die Lebewesen aufgrund der Eigenschaften, die ihnen zugeschrieben werden, zueinander unterhalten. Das vermag weder die Physik noch die Chemie, noch die Biologie nachzuweisen, und es kommt im Übrigen äußerst selten vor, dass sich diese Wissenschaften bei ihrer üblichen Arbeit auf diese Abstraktion, wie die Natur sie ist, als ihren Forschungsbereich beziehen.[24]

Zweifellos weil die Anthropologie weitgehend die Tochter der Philosophie ist, widerstrebte es ihr also, die Universalität der Kosmologie der Moderne in Zweifel zu ziehen. Zwar hat sie nicht gerade behauptet, dass alle Kosmologien der unseren ähneln – was wenig plausibel wäre –, nur sehen wir die anderen, die Nichtmodernen, durch die Zerrbrille, die unsere eigene Kosmologie strukturiert, und deshalb als ebenso viele besondere Ausdrucksformen der Kultur, insofern sie einen Gegensatz bildet zu der einen universellen Natur. Anders gesagt, wir betrachten die nicht-westlichen Zivilisationen oder sogar den vormodernen Westen nicht als vollständige Systeme einer Weltsicht, die sich von der unseren unterscheiden, sondern als mehr oder weniger exotische Arten, dem Zustand der Welt Rechnung zu tragen, wie unser eigenes System ihn festgelegt hat.[25] Den modernen Dualismus zum Maßstab aller Zustände der Welt zu machen hat daher die Anthropologie zu jener besonderen Form des gelehrten Eurozentrismus geführt, der in dem Glauben besteht, dass nicht die Realitäten, die die Menschen objektivieren, überall die gleichen sind, sondern dass unsere Art, sie zu objektivieren, von allen geteilt wird.

Nach diesen ein wenig allgemeinen epistemologischen Ausführungen wollen wir nun der Frage nachgehen, welche konkreten Auswirkungen der Dualismus von Natur und Kultur in Bezug auf die Art und Weise hat, wie die Anthropologie praktiziert wird. Zuerst muss betont werden, dass die Kontroversen des Typs, die Marvin Harris Claude Lévi-Strauss gegenüberstellte, in Wirklichkeit nur deshalb möglich sind, weil sie sich auf einen Hintergrund geteilter Denkgewohnheiten und Bezügen stützen, der den gemeinsamen Boden bildet, auf dem die Gegensätze auftreten können. Anders gesagt, so heftig die theoretischen Meinungsverschiedenheiten, die die Disziplin durchziehen, auch erscheinen mögen, sie verraten ungeschminkt die Übereinstimmung ihrer Prämissen, sobald sie wieder in den modernen kosmologischen Rahmen gerückt werden, in dem sie entstanden sind. Zwar scheinen die verschiedenen Ansätze auf den ersten Blick von der einen oder anderen Seite des Spektrums auszugehen, das von der schaffenden Natur zur geschaffenen Natur führt; aber da die Existenz des Spektrums nie infrage gestellt wurde, überwiegt in der Tat ein und dasselbe Netz von Voraussetzungen. Zwar ziehen diese die Gesamtheit der anthropologischen Unternehmungen in Mitleidenschaft, doch sind sie vor allem in drei ihrer Etappen auffällig: bei der Charakterisierung ihres Gegenstands, bei der Bestimmung ihrer Methoden, bei der Definition des Erkenntnistypus, den sie hervorbringt. Auf die Gefahr hin, die Geduld der Leser durch eine weitere Dosis Schuldiskussionen zu strapazieren, müssen wir also etwas genauer hinsehen, die Vorschläge der einen und der anderen prüfen und erörtern, auf die verborgenen Klauseln und heimlichen Affinitäten hinweisen, kurz, die Basis freilegen, um sicherer bauen zu können. Denn in der Anthropologie wie in den anderen Humanwissenschaften verlangt jede Reform der analytischen Rahmen einer Disziplin einen nachdenklichen Rückblick auf die Art und Weise, wie sie ihr Wissen konstruiert, und auf die Theorien, die über diese Operation Rechenschaft ablegen wollen; wie Bourdieu sehr richtig sagt, ist »die epistemologische Reflexion auf die Bedingungen möglicher anthropologischer Wissenschaft ein integraler Bestandteil dieser Wissenschaft selbst«.[26]

Ein paradoxer Gegenstand

Die Anthropologie definiert ihren Gegenstand, die Kultur oder die Kulturen, als jenes System der Vermittlung mit der Natur, das die Menschen zu erfinden vermochten, ein Unterscheidungsmerkmal des *Homo sapiens*, bei dem technisches Geschick, Sprache, symbolische Tätigkeit sowie die Fähigkeit, sich in Kollektivitäten zu organisieren, die sich zum Teil der biologischen Kontinuitäten entledigt haben, zum Einsatz kommen. Auch wenn selten so explizit formuliert, wird diese Definition dennoch weitgehend geteilt. Sie erscheint natürlich bei Autoren, die sich auf den Materialismus berufen und die, auch wenn sie die Kultur als ein Dispositiv der Anpassung an die Natur betrachten, nichtsdestoweniger bereitwillig einräumen, dass letztere nur mithilfe der Mechanismen erfasst werden kann, die erstere entwickelt hat. Dazu zu rechnen sind auch einige Anhänger des ökologischen oder technischen Determinismus wie Leslie White, der die erste Zeit der Menschheit wie folgt beschreibt: »Zwischen dem Menschen und der Natur hing der Schleier der Kultur, und nur durch dieses Medium hindurch konnte er etwas wahrnehmen«; man findet hier auch diejenigen, die auf den Vorrang der utilitären Funktionen bei der Strukturierung des sozialen Lebens hinweisen und wie Malinowski meinen, »dass jeder kulturelle Fortschritt, der die Benutzung von erzeugten Gegenständen und Symbolen mit sich bringt, eine instrumentelle Vervollkommnung der Anatomie des Menschen darstellt«. Schließlich rechnet man auch diejenigen hinzu, die wie Maurice Godelier die Tatsache, dass »der Mensch eine Geschichte hat, da er die Natur verändert«, für die zentrale These ihres Ansatzes halten.[27]

Doch eine solche Konzeption der Anthropologie ist nicht allein den Materialisten vorbehalten. Die Idee, dass es ein Wesensmerkmal des Menschen ist, fähig gewesen zu sein, eine Antwort auf die Zwänge der Organe und der Umwelt zu erfinden, teilen auch diejenigen, die sich hauptsächlich mit den symbolischen Dimensionen der Kultur befassen. Denken wir an Lévi-Strauss, der Rousseau das Verdienst zuspricht, das Feld der Ethnologie begründet zu haben, als er das Problem der Beziehungen zwischen Natur und Kultur aufwarf; ein Standpunkt, an den Michel Foucault anknüpft, wenn er schreibt: »Deshalb ist das allgemeine Problem jeder Ethnologie genau das der (Kontinuitäts- und Diskontinuitäts-)Beziehungen zwischen der Natur und der Kultur.«[28] Denken wir an Clifford Geertz, den talentierten Verfechter einer hermeneutischen Anthropologie, der dennoch nicht zögerte zu erklären: »Eine etablierte Gesellschaft ist das Endergebnis einer so langen Geschichte der Anpassung an ihre Umwelt, dass sie diese Umwelt gewissermaßen zu einer Dimension an sich gemacht hat.«[29] Was Mary Douglas betrifft, so legt sie einen weniger nuancierten Dualismus an den Tag, wenn sie sagt: »Die Wissenschaftler entdecken objektive Wahrheiten über die physische Natur. Die menschliche Gesellschaft versieht diese Entdeckungen mit einer sozialen Bedeutung.«[30]

Es wäre eintönig, mit den Zitaten fortzufahren, und vor allem sinnlos.[31] Denn es besteht ein stillschweigendes Einvernehmen hinsichtlich der Tatsache, dass der Bereich, mit dem die Anthropologie sich befasst, derjenige ist, in dem sich die universellen Determinationen, die die Gesetze der Materie und des Lebens auferlegen, mit den Konventionen verschränken, welche die Menschen erfunden haben, um ihre gemeinsame Existenz zu organisieren, der Bereich, in dem sich die Notwendigkeit für letztere, im Alltag mit den Nichtmenschen zu interagieren, vor allem um ihre Subsistenz zu sichern, mit ihrer Fähigkeit verbindet, diesen Interaktionen eine Vielfalt verschiedener Bedeutungen zu verleihen. Und die Anthropologie konnte deshalb Autonomie erlangen, weil sie die Idee zu verfechten verstand, dass alle Gesellschaften Kompromisse zwischen der Natur und der Kultur seien und es deshalb dringend erforderlich sei, dass eine spezialisierte Disziplin die verschiedenen Ausdrucksformen dieses Kompromisses untersucht, um die Gesetze ihrer Entstehung und die Grammatik ihrer Kombinationen herauszufinden. Kurz, die Dualität der Welt ist die konstitutive Dimension des Gegenstands, den diese Wissenschaft sich gegeben hat, und man kann sogar sagen, dass sie als Antwort auf die Herausforderung entstand, den Abstand zwischen den beiden Realitätsordnungen, für den die Erkenntnistheorie der zweiten Hälfte des 19. Jahrhunderts gesorgt hatte, zu verringern. Diese Dualität der Bedeutungsfelder, die in der Definition des Gegenstands liegt, musste sich infolgedessen auch in der Art und Weise wiederfinden, mit der er wahrgenommen wird. Denn auch wenn über die Tatsache Einigkeit besteht, dass die menschliche Erfahrung durch das Nebeneinander zweier Phänomenfelder bedingt ist, die von unterschiedlichen Prinzipien beherrscht werden, wird es doch unvermeidlich, sich ihrer Schnittstelle dadurch zu nähern, dass man bald vom einen, bald vom anderen Aspekt ausgeht: entweder von den Determinationen, die der Gebrauch, die Kontrolle oder die Umgestaltung der Natur einführen, universellen Determinationen, deren Auswirkungen von der Umwelt, den Techniken und den besonderen sozialen Systemen partikularisiert sind, oder von den Besonderheiten der symbolischen Behandlungen einer innerhalb ihrer Grenzen und ihrer Funktionsweise homogenen Natur, Besonderheiten, die sich aufgrund der Universalität der eingesetzten Mechanismen und der Einmaligkeit des Objekts, bei dem sie angewandt werden, häufig wiederholen.

Beide Vorgehensweisen beziehen ihre begrifflichen Hilfsmittel von ehrenwerten philosophischen Vorgängern. In der Tat situieren sich die eine wie die andere, zuweilen ohne es zu wissen, auf den einen oder anderen Moment des Werks von Marx. So knüpfen die Verfechter der geschaffenen Natur an den ersten Marx an, den der Jugendschriften, der noch von der Hegelschen Dialektik geprägt war und sich für die humanisierte und durch die Praxis historisierte Natur interessierte, die »zweite Natur« der philosophischen Tradition, die durch die formende Tätigkeit des Menschen bedingt war und sich gleichzeitig zum Teil durch ihre eigenen Determinationen von ihm unterschied. Dieser Marx schrieb 1844 in Paris, dass »der Mensch für den Menschen als Dasein der Natur und die Natur für den Menschen als Dasein des Menschen praktisch, sinnlich anschaubar geworden ist«.[32]

Keiner hat besser als Marshall Sahlins aus dieser Marxschen Idee Nutzen gezogen, dass die Natur, isoliert und als Abstraktion genommen, keinerlei Bedeutung mehr hat und sogar für den Menschen unbrauchbar ist; ohne Umschweife drückt er es aus, wenn er beispielsweise schreibt, dass sich »Natur zur Kultur wie das Konstituierte zum Konstituierenden verhält. Kultur ist nicht einfach in einer anderen Form ausgedrückt Natur. Vielmehr ist das Umgekehrte der Fall: Das Wirken der Natur entfaltet sich in den Begriffen von Kultur, das heißt in einer Form, die nicht länger ihre eigene ist, sondern als Bedeutung auftritt.«[33] Ein ganz anderer Ansatz als der von Mary Douglas, mit der er oft verglichen wird. Getreu der Durkheimschen Tradition unterscheidet diese noch zwischen den objektiven Eigenschaften der Natur, dem klassifizierenden und moralischen Gebrauch, den die Kultur von ihr macht, und der Rückwirkung der sozialen Kategorien auf die Konstruktion der Vorstellungen von der nichtmenschlichen Umwelt.[34] Sahlins dagegen steht sowohl in der nordamerikanischen Tradition des Kulturalismus als auch in der Linie der Jugendschriften von Marx, wenn er die Möglichkeit verwirft, die Natur als ein Ding an sich aufzufassen, auf das *a posteriori* soziale Werte projiziert worden seien, und der er als einzige symbolische Funktion die Macht zugesteht, die physische Welt zu einer von den Menschen vorstellbaren und ausbeutbaren Realität zu machen. Es ist eine energische Kritik und sogar eine Umkehrung der utilitären Vernunft, die von den Verfechtern der schaffenden Natur so oft angeführt wird. Zwar sind die Arten der Nutzung und Repräsentation der Umwelt einer bestimmten Form des praktischen Interesses untergeordnet, doch kann dieses Interesse nur durch den Filter zum Ausdruck kommen, den jedes kulturelle System ihm entsprechend den Zwecken, die es verfolgt, aufzwingt. Anders gesagt, es ist die Kultur, die definiert, was die Natur für die Menschen ist, und zugleich die Art und Weise definiert, wie diese oder jene Gesellschaft daraus Nutzen zieht, je nach den Vorlieben, die die lokalen Bräuche ihr diktieren.

Sahlins Position ist also, zumindest in den siebziger Jahren, paradox. Einerseits identifiziert er mit großem Scharfblick das Problem, mit dem die Anthropologie unaufhörlich konfrontiert wird und von dem sie einen großen Teil ihrer Daseinsberechtigung bezieht: den funktionalen Beziehungen zwischen Bereichen Rechnung zu tragen, die ursprünglich durch eine diskussionslos akzeptierte analytische Unterscheidung getrennt waren, denn sie bezog ihre Kraft aus dem offenkundigen Modell, das unsere eigene Gesellschaft zeigte.[35] Andererseits verwendet er ebendiese Polarität, um die utilitäre Vernunft zu kritisieren: Es ist die Kultur, die die Natur umfasst und ihre Ausdrucksweisen bestimmt, anhand ersterer haben alle Gesellschaften Bilder objektiviert, die mehr oder weniger dem ähneln, was wir von letzterer wissen. Die logische Konsequenz dieses Ansatzes, aus dem ich selbst die Lehre gezogen habe, musste darin bestehen, völlig darauf zu verzichten, das anthropologische Problem im Rahmen von Natur und Kultur zu formulieren, da diese Begriffe dem Problem selbst allzu sehr die Färbung eines unpassenden Eurozentrismus geben. Was Sahlins ohne Zögern in seinen jüngsten Arbeiten getan hat, wenn er zum Beispiel schreibt: »So verzaubert unser Universum [das der Abendländer] auch erscheinen mag, es ist durch eine Unterscheidung zwischen Natur und Kultur geordnet, die für nahezu niemanden außer uns ersichtlich ist.«[36] Mit diesem Requiem auf die Hypostase der Kultur geht ein Jahrhundert nordamerikanischer Anthropologie zu Ende.

Die Apostel der schaffenden Natur dagegen stützen sich eher auf eine Vereinfachung des reifen Marx, desjenigen der Konsolidierung des historischen Materialismus, der sich nicht für die Natur als einfache Vorbedingung der ökonomischen Tätigkeit zu interessieren scheint. Die Sozialisierung dieser wieder autonom gewordenen Natur wird dann nur noch partiell und finalisiert betrachtet. Auf der Stufe der Produktivkräfte wird sie zu einer durch die Werkzeuge und das Know-how vermittelten physischen Voraussetzung, verbannt in eine subalterne Rolle durch das der Technik zugestandene Privileg, die Struktur der Produktionsweisen und den Verlauf ihrer Veränderungen zu enthüllen.[37] Auf der Stufe der Produktionsverhältnisse ist sie auf die Ressourcen beschränkt, die sich in Gebrauchswert oder Tauschwert umwandeln lassen, weil sie, in einer gegebenen Epoche, Arbeitsmittel sind. Analytisch sieht sich die Natur gespalten: In materieller Hinsicht ist sie nur noch eine der Komponenten dessen, was die Bedürfnisse zu befriedigen ermöglicht; in sozialer Hinsicht ist sie nur noch eines der Elemente, die die Form der Beziehungen bedingen, welche die Menschen untereinander knüpfen. Die Objektivierung des nichtmenschlichen Bereichs als eine Folge der Produktion von Subsistenzmitteln und Reichtümern zu erörtern ist also ein von allen Seiten geteiltes Vorurteil, und es wäre verwunderlich, wenn die Anthropologie es nicht geerbt hätte. Seine Auswirkungen machen sich im technischen Determinismus eines White oder eines Steward ebenso bemerkbar wie in dem weit üblicheren Vorurteil, dass die Ideen, die den Gebrauch der Natur organisieren, ideologische Nebenprodukte einer als objektiv geltenden Praxis seien. Geben wir der Praxis ihre Reinheit – ihre Rationalität, ihre Finalität, ihre Funktion – zurück, und die Wolke der Vorstellungen löst sich auf und reduziert sich auf den durchsichtigen Schleier des falschen Bewusstseins; die große Mehrheit der zeitgenössischen Anthropologie wiegt sich noch immer in dieser freundlichen und messianischen Illusion.

Kontroversen und Konvergenzen

Als die Anthropologie ihren Gegenstand als eine Mischung aus Natur und Kultur definierte, sah sie sich gezwungen, sich der Methoden zu bedienen, die von anderen Wissenschaften entwickelt wurden, die, wie sie meinte, besser gerüstet waren, sich der einen oder der andern Seite des Januskopfes zu nähern, den sie zu ihrem Gegenstand erkoren hatte. Unglücklicherweise äußerte sich die Entlehnung meist in einer Verarmung und Vereinfachung des anfänglichen Erklärungsmodells.

Die Arbeit der Reduktion

So übernahm die naturalistische Strömung die verschiedenen Varianten des Determinismus, mit einer deutlichen Präferenz für die Endursachen. Die Anthropologie der Bedürfnisse, deren Entwurf wir Malinowski verdanken, bietet hierfür ein umso betrüblicheres Zeugnis, als es sich schroff von der Feinheit und Tiefe der ethnografischen Analysen abhebt, die der Begründer der modernen Ethnologie ansonsten hinterlassen hat.[38] Malinowski postuliert ein Kontinuum zwischen dem Natürlichen und dem Kulturellen, zwischen dem Organischen und dem Überorganischen, das dazu zwinge, mit der Biologie gemeinsame Sache zu machen und sich von ihren Methoden inspirieren zu lassen. Die Anthropologie als Wissenschaft der Kultur habe die Aufgabe, die institutionellen Formen zu erforschen, die zu jeder Zeit und an jedem Ort lauter adaptive Antworten auf den biologischen Determinismus der menschlichen Natur bilden, in erster Linie jene, die es ermöglichen, die »elementaren Bedürfnisse« zu befriedigen. So ist die Produktion von Subsistenzmitteln eine Antwort auf die Bedürfnisse des Stoffwechsels; die Verwandtschaft auf die Bedürfnisse der Fortpflanzung; die Unterkunft auf die Bedürfnisse der körperlichen Behaglichkeit usw. Recht wenig erhellende Antworten, denn sogar auf der höheren Ebene von Allgemeinheit, auf die Malinowski sich hier begibt, kann jede von ihnen mehreren Bedürfnissen entsprechen, und jedes Bedürfnis kann mehrere Antworten erfordern: Hygiene und Schutz sind ebenso angemessene Antworten wie die Unterkunft auf das Bedürfnis nach körperlicher Behaglichkeit, während die Funktionen des Schutzes und der Unterkunft sowohl der Gesundheit wie der körperlichen Behaglichkeit und der Sicherheit dienen. Werden sie allein unter ihrem funktionalen Aspekt betrachtet, so müssen die sogenannten kulturellen Institutionen polyvalent sein, und die biologischen Bedürfnisse, denen sie dienen sollen, sind selbst unentwirrbar miteinander verknüpft.

Dabei ist Malinowski ein zu guter Ethnograf, um nicht zu begreifen, dass eine einfache Ursache-Wirkung-Beziehung zwischen natürlichen Zwängen und ihren kulturellen Antworten wohl kaum die Funktion eines ganzen Bündels von Institutionen zu erklären vermag, die so partikularisiert sind, dass sie nicht allein durch das biologische Substrat determiniert sein können. Jenseits der primären Bedürfnisse, die durch die Natur des Menschen und die ökologischen Merkmale des Milieus bedingt sind, in denen er sich bewegt, tauchen daher »abgeleitete Bedürfnisse« auf, die sich aus den Spezifizierungen ergeben, die das soziale Leben den durch die primären Bedürfnisse verursachten Bedürfnissen aufzwingt und die wiederum neue kulturelle Antworten hervorrufen – beispielsweise die Ökonomie als Mittel, die Produktion der Subsistenzmittel zu gewährleisten, oder die Bräuche, die Traditionen, die symbolischen Praktiken und die Sprache als Instrumente der kollektiven Solidarität. Auch hier erscheint die Charakterisierung der

Bedürfnisse, wider jede Logik, als nachträgliche funktionale Rechtfertigung der Antwort, die sie erfordern, da die Natur der Ursache durch die Definition der Wirkung vorausgesetzt wird.

Malinowskis Unfähigkeit, von der sozialen Tatsache zur organischen Basis vorzustoßen, ist konstitutiv für jeden funktionalen Finalismus, denn je allgemeiner der Charakter des an den Ursprung einer Institution gestellten hypothetischen Bedürfnisses ist, desto geringer ist sein explikativer Wert. Und je unbestimmter das Bedürfnis aufgrund seiner Allgemeinheit ist, desto größer wird dementsprechend die Auswahl der kulturellen Praktiken sein, die innerhalb ein und derselben Gesellschaft darauf zu antworten beanspruchen können. Wenn die naturalistische Erklärung verschiedene kulturelle Äußerungen mit einem einzigen postulierten Bedürfnis verknüpft, bekräftigt sie lediglich die Notwendigkeit der Kultur als eines Mittels, dieses Bedürfnis auszudrücken. Diese Binsenweisheit verschleiert das Unvermögen, dem Inhalt der sozialen Institutionen Rechnung zu tragen. Denn es ist eine Binsenweisheit zu behaupten, dass der Bau einer Unterkunft das Bedürfnis nach körperlicher Behaglichkeit oder Schutz beantwortet, aber man sieht nicht recht, was man zur gotischen Architektur sagen könnte, wenn man sich lediglich auf diese Bedürfnisse beruft. Die Kritik gilt ebenso für jüngere Varianten des biologischen Reduktionismus: die Soziobiologie des Menschen zum Beispiel, und ihr Bestreben, die sozialen Verhaltensweisen durch die Koeffizienten einer genetischen Verbindung zu erklären, oder die Theorie des *optimal foraging*, die in der Optimierung der Jagd- und Sammelwege das Resultat einer durch die natürliche Auslese determinierten adaptiven Entwicklung sieht.[39] Weil sie ihre Erklärung der Kultur von einer verwandelten natürlichen Potenzialität – Instinkt, Altruismus oder genetische Anpassung – abhängig machen, scheinen alle diese Ansätze dazu verurteilt, zwischen teleologischen Argumenten und tautologischen Sätzen hin und her zu schwanken.

Die Kulturökologie hat sich in dieselbe Sackgasse verrannt, als sie der Biologie einen ihrer verschwommensten und am stärksten mit Finalismus befrachteten Begriff entlehnte, die Anpassung. Roy Rappaport, zweifellos der scharfsinnigste Theoretiker dieser Schule, versuchte das Problem zu umgehen, indem er zwei Arten, der Anpassungsfunktion einer Institution Rechnung zu tragen, unterschied: die Erklärung durch die formale Ursache und die Erklärung durch die Endursache.[40] Der erste Erklärungstypus besteht darin, festzustellen, welche formalen Merkmale einer Institution sie befähigt, die spezifischen Funktionen zu erfüllen, die man ihr in allen Systemen, in denen sie präsent ist, zugesteht. Doch die große Allgemeinheit, die diese Definition erfordert, reduziert den Gegenstand, auf den die Methode angewandt werden könnte, auf eine kleine Anzahl formaler Eigenschaften in einer reduzierten Palette sozialer Institutionen. Diese beschränken sich in der Tat auf das, was in der marxistischen Terminologie Instanzen genannt wird: die Politik, die Ökonomie, die Verwandtschaft oder das Magisch-Religiöse. Dass diese Instanzen formale Eigenschaften besitzen, die der Funktion, die sie erfüllen, angemessen sind, versteht sich von selbst, und die Erklärung durch die so aufgefasste formale Ursache könnte also nur auf Binsenweisheiten hinauslaufen. Die Erklärung durch die Endursachen dagegen ist immer eine besondere, da sie darauf abzielt, die Funktion eines Elements in einem gegebenen System zu spezifizieren, indem sie ihren Beitrag zum Überleben oder zur Aufrechterhaltung dieses Systems aufzeigt. Eine solche Erklärung lässt sich nun aber niemals verallgemeinern, da verschiedene Elemente in verschiedenen Systemen die gleiche Funktion haben können, so wie ein Element in verschiedenen Systemen unterschiedliche Funktionen ausüben kann. Das, was die Erklärung durch die Endursachen als eine notwendige Kausalitätsbeziehung auszugeben sucht, ist daher nichts anderes als die Behauptung einer einfachen Buchführung zwischen einer kulturellen Form und einer biologischen Funktion. Zwischen einer tautologischen formalen Ursache und einer teleologischen Endursache hin und her schwankend, entgeht die Kulturökologie nicht dem Dilemma, in dem sich Malinowskis Reduktionismus einschloss.

Die Arbeit der Übersetzung

Die Idee, dass die Natur eine unabhängige Instanz ist, deren innere Organisation und deren Grenzen immer und überall identisch sind, hat bei denen, die sich mehr für die semantischen Aspekte der Kultur als für ihre praktischen Dimensionen interessieren, anders gearteten Auswirkungen. Eine universelle natürliche Ordnung wird nämlich zur einzigen Basis, die die Möglichkeit gewährleistet, die Auffassung des Realen durch einen Anderen wiederzugeben und zu interpretieren, entweder weil dieser Andere eine wie die unsere strukturierte Welt mithilfe der gleichen Mechanismen wahrnimmt und aufteilt, wie sie meine Wahrnehmung und meine kognitive Behandlung der Unterteilungen dieser Welt leiten, oder weil die Existenz desselben phänomenalen Referenten für unerlässlich erachtet wird, um die überaus verschiedenen Bezeichnungen, die dieser Referent erfordert, einschätzen und verstehen zu können. Der Unterschied zwischen den beiden Gliedern der Alternative mag groß erscheinen, da er im Feld der Ethnowissenschaften die Universalisten von den Relativisten trennt. Weniger bedeutend ist er, wenn man bedenkt, dass sich die

Untersuchung der volkstümlich genannten Klassifizierungen und Kenntnisse auf Gegenstände bezieht, die für die einen wie die anderen als »natürlich« gelten: Erstere betonen, dass die Taxonomien der Fauna und Flora überall dieselbe innere Architektur besitzen, während letztere den Anteil der Kreativität betonen, den jede Kultur in ihre semantische Anordnung der tierischen und der pflanzlichen Welt einfließen lässt; doch keiner von ihnen stellt die der modernen Kosmologie eignende Evidenz infrage, dass nämlich die Natur ein diskreter ontologischer Bereich mit festen Grenzen ist.

Brent Berlin, die Galionsfigur der zeitgenössischen ethnobiologischen Studien, hat den universalistischen Standpunkt auf diesem Gebiet unzweideutig zum Ausdruck gebracht. Anders als die Wegbereiter der Ethnowissenschaft der Yale-Schule behaupteten, sind die volkstümlichen Klassifizierungen von Pflanzen und Tieren nicht vom Kontext abhängige kulturellen Konstruktionen, sondern exakte Übersetzungen dessen, was in der Natur wahrgenommen wird: »Überall stehen die Menschen bei der begrifflichen Erkenntnis der biologischen Vielfalt ihrer natürlichen Umgebung wesentlich auf die gleiche Weise – durch den Grundplan der Natur – unter Zwang.«[41] Berlin räumt ein, dass die soziale Organisation, das Ritual, die religiösen oder ästhetischen Vorstellungen besondere, jeder Kultur eigentümliche Produktionen sein können; sobald es dagegen darum geht, Gruppen von Pflanzen und Tieren zu erfassen und zu benennen, »konstruieren die Menschen (...) keine Ordnung, sie erkennen sie«.[42] Die Natur zeigt sich also der sinnlichen Erfahrung als ein begrenztes Ensemble von Diskontinuitäten, dessen Struktur in allen Kulturen auf identische Weise wahrgenommen werde, auch wenn nicht alle in ihren Klassifizierungen diese Diskontinuitäten im selben Grad ausschöpfen. Diese taxonomische

Struktur der Organismen nehme die Form einer Hierarchie an, die benannte Kategorien, Taxa, einschließe und in ihrer vollständigsten Form sechs Ränge umfasse: das Reich, die Lebensform, die Zwischenstufe, die Gattung, die Art und die Varietät.

Denen, die meinen könnten, eine solche Architektur sei von der Organisation der Klassen in der westlichen Systematik abgeleitet, entgegnen die Verfechter des Universalismus in der Ethnobiologie, dass das Umgekehrte zutreffe: Die Prinzipien der Linnéschen Taxonomie, wie diejenigen jedweder anderen Taxonomie des Lebendigen, gründen auf den Augenfälligkeiten des gesunden Menschenverstands, der auf die natürliche Ordnung trifft, daher die Strukturähnlichkeiten aller Klassifikationssysteme der Fauna und Flora.[43] Die natürliche Ordnung wird vorausgesetzt, da sie überall von den Regeln und Mechanismen herrührt, die die moderne Biologie sichtbar gemacht hat; was die Universalität des gesunden Menschenverstands betrifft, so sei sie entweder durch eine angeborene Fähigkeit der Menschen verbürgt, die »natürlichen Arten« (*natural kinds*) von allen anderen wahrgenommenen Dingen zu unterscheiden, oder durch eine Neigung des Geistes, bestimmte Mitglieder eines biologischen Taxons, die aufgrund ihrer perzeptiven Auffälligkeit den Fokus einer Kategorie bilden, als typische Repräsentanten oder »natürliche Prototypen« zu selektieren.[44] In allen Fällen sei die Kategorisierung der Pflanzen und Tiere ein »natürlicher« Vorgang, da er eine natürliche Struktur der biologischen Welt – die Segmentierung in Arten – mit einem natürlichen Dispositiv des kognitiven Apparats in Übereinstimmung bringe.

Wie in der mittelalterlichen Theologie ist die Natur also ein großes Buch, das alle, Gelehrte wie Nichtgelehrte, auf identische Weise zu entziffern vermochten und darin wenn nicht dieselben Wörter, so zumindest dieselbe Aufteilung in

Sätze, Abschnitte und Kapitel fanden. Vielleicht müsste man sogar sagen, dass dieses Buch überall im selben Alphabet geschrieben ist. Berlin zufolge bildet »die ethnobiologische Nomenklatur *ein natürliches Bezeichnungssystem*, das sehr aufschlussreich für die Art und Weise ist, wie die Menschen die lebendigen Gegenstände ihrer Umwelt konzeptualisieren«.[45] Nicht mehr allein die Kategorisierung als perzeptive und kognitive Funktion wird hier naturalisiert, sondern auch die sprachlichen Mechanismen, mit deren Hilfe sie zum Ausdruck kommt. In diesem Bereich werde die Motivation des Signifikanten durch das Signifikat durch die oft festgestellte Tatsache bezeugt, dass die Namen der Pflanzen und Tiere einen starken metaphorischen Gebrauch von den charakteristischen Merkmalen der Morphologie, des Verhaltens oder des Habitats der von ihnen bezeichneten Organismen machen; sie rühre auch und vor allem daher, dass ein ganzes Segment der generischen Ebene der ethnobiologischen Nomenklatur auf semantischer Ebene insofern »transparent« sei, als es psychologische Assoziationen zwischen dem Sinn und dem Laut widerspiegele. So sollen die Phoneme mit hoher akustischer Frequenz jähe und schnelle Bewegungen evozieren und seien bei Vogelnamen häufiger anzutreffen, während die Phoneme mit niedriger Frequenz, die langsame und kontinuierliche Bewegungen evozieren, typisch für Fischnamen seien.

Im Unterschied zu Roman Jakobson, von dem er sich, wie er sagt, hat anregen lassen und der die motivierten Entsprechungen zwischen Laut und Sinn innerhalb des Systems der distinktiven Gegensätze einer besonderen Sprache interpretiert und nicht nach den akustischen Eigenschaften dieses oder jedes isoliert betrachteten Phonems[46], macht Berlin die lautliche Motivation zu einem von vornherein universellen Merkmal der ethnobiologischen Nomenklaturen. Doch Lévi-Strauss merkt in einem Kommentar zu Jakobson richtig an: Wenn die Willkür des sprachlichen Zeichens in Zweifel gezogen werden kann, sobald das Zeichen gebildet und in ein besonderes semantisches Milieu eingegangen ist, dessen Anziehungskraft es unterliegt, so scheint dieses Zeichen »sicher willkürlich gesetzt, wenn man sich auf den Gesichtspunkt der Ähnlichkeit beruft, das heißt, wenn man die Signifikanten des gleichen Signifikats in mehreren Sprachen vergleicht«.[47] Indem Berlin einen Bereich der sprachlichen Tätigkeit zu einem quasi automatischen Denotationssystem macht, das natürliche Zwänge übersetzt, die überall und immer auf dieselbe Weise wirken, knüpft er letztlich direkt an die thomistische Theorie der Abstraktion an: »*nomina debent naturae rerum congruere.*«[48]

Dabei lieferten die Relativisten, die Berlin widerlegen will, bereits die Grundzüge dieser denotativen Auffassung von der Klassifizierung der natürlichen Gegenstände. Als sie in den 1950er Jahren in den Vereinigten Staaten begannen, hatten die Studien über die »Ethnowissenschaften« die Absicht, die geistigen Verfahrensweisen zu vergleichen, die die verschiedenen Völker einsetzen, um ihre Umwelt zu ordnen, ausgehend von der Hypothese, dass jedes kulturelle System nach einem kognitiven Modell verfährt, das ihm eigentümlich ist, da von den Strukturen der Sprache bedingt. Aber auch wenn das angekündigte Ziel die Untersuchung sämtlicher Nuancen und Feinheiten der kulturellen Grammatiken ist, so beschränken sich diese in der gewöhnlichsten Definition doch auf die einfache Summe der Klassifizierungssysteme einer Gesellschaft, da die Analyse der dynamischen Prinzipien, die die soziale und symbolische Physiologie strukturieren, *de facto* der klassischen Ethnologie überlassen wird.[49] Doch eine als Untersuchung der Morphologie ihrer Klassifikationssysteme verstandene Untersuchung einer Kultur setzt voraus, dass man auf nicht willkürliche Weise die semantischen Grenzen der von ihr verwendeten Kategorien bestimmen kann, das heißt, wie ein Objektbereich von der Sprache umrissen wird, ohne sich auf eine *a priori*-Definition dieses Bereichs zu berufen. Es geht darum, sich zu vergewissern, dass eine von einem Beobachter zusammengetragene Sammlung von Lexemen für die Benutzer dieser Sprache wirklich eine Klassifizierung ist, die einen Teil der phänomenalen Erfahrung in einem diskreten semantischen Feld hervorhebt.

Die von der Ethnowissenschaft gepriesene Methode besteht darin, benannte Kategorien – Zusammenfassungen von Lexemen unterschiedener Objekte – zu isolieren und zu verstehen, wie diese Kategorien sich innerhalb eines Kontrastfelds organisieren, das auf einen für die betreffende Gesellschaft kulturell relevanten Bereich der Realität verweist. Das Kontrastfeld muss derart beschaffen sein, dass jedes Lexem mindestens ein allen anderen gemeinsames definitorisches Merkmal besitzt – ein Merkmal, das den Referenzbereich, von dem das Lexem abhängt, charakterisiert und das im natürlichen Kontext die Permutation mit den anderen Lexemen des Felds erlaubt – sowie ein Unterscheidungsmerkmal, das das Lexem der Gesamtheit all derer gegenüberstellt, die mit ihm verwandt sind. So sind »Bohne« und »Karotte« zwei Lexeme, die innerhalb der volkstümlichen Klassifizierung der Pflanzen im Französischen zum semantischen Bereich der Gemüsenamen gehören, denn sie lassen sich in bestimmten Aussagen austauschen, z. B. »ich mag keine Karottensuppe, mir ist Bohnensuppe lieber«; während keines von beiden an die Stelle von Lexemen treten kann, die zu einem anderen Kontrastfeld gehören – ich baue Karotten an, aber keine Klaviere; ich enthülse Bohnen, aber nicht den Heiligen Geist.

Das Haupthindernis, über das diese ethnosemantische Analyse stolpert, ist ihre Unfähigkeit, dafür zu bürgen, dass ein Kontrastfeld für die Benutzer einer Sprache auch wirklich mit einem Begriffsfeld übereinstimmt. Denn auch wenn die Unterscheidung von Klassen verwandter Lexeme keine großen Schwierigkeiten bereitet, vor allem nicht in Sprachen, in denen nominale Klassifikatoren existieren, erlaubt es die Festlegung von Kontrastfeldern im linguistischen Material dagegen nicht, mit Sicherheit einen phänomenalen Erfahrungsbereich einzugrenzen, oder sich zu vergewissern, ob er für die Mitglieder einer gegebenen Kultur eine kognitive Realität besitzt. Nehmen wir den scheinbar einfachsten Fall, die Semantik der Farbnamen. In der Sprache der Achuar-Jívaro findet man neben Lexemen, deren französische Übersetzung unproblematisch ist, da sie breite Teile des Spektrums bezeichnen, die auf identische Weise unterteilt sind wie in unserer Nomenklatur (*kɛaku:* rot, *takump:* gelb, *puhu:* weiß, *šuwin:* schwarz usw.), eine Reihe von Wörtern oder Ausdrücken, die mittels Metapher oder Metonymie dazu dienen, Variationen der Intensität oder der Klangfarbe zu benennen, Variationen, die sich nicht *a priori* aus dem kulturellen Bereich der Farbe bei den Jívaro ausschließen lassen. Nun stammen diese sprachlichen Indikatoren aber aus Kontrastfeldern, die sich von demjenigen unterscheiden, das das Lexikon der Farben definiert. So evoziert im überaus kodifizierten Rahmen der poetischen Bilderwelt einiger magischer Beschwörungsgesänge die Erwähnung der Schwalbe (*tchinímpi*) ein metallisches Schillern, die Erwähnung des Tukans (*tsukaŋgá*) evoziert die Schwingung eines intensiven Gelbs, während die Erwähnung der Anakonda (*paŋgí*) die Fluktuationen des Goldbrauns evoziert. Wenn nun diese drei Tiere – deren Lexeme in Prinzip zum Kontrastfeld der Ethnozoologie gehören – in einem Gesang auftauchen, dann zeigen sich bestimmte Eigenschaften ihres Äußeren von vornherein als relevantes semantisches Merkmal, da diese Eigenschaften mit einer Qualität, einem Zustand oder einer Gefühlsregung assoziiert werden: die metallischen Reflexe kennzeichnen die Unbesiegbarkeit, das Pulsieren des Gelbs kennzeichnet die Liebe, das Goldbraun kennzeichnet das Unheilvolle. Kurz, hier überlappen sich mehrere Kontrastfelder, und kein der Sprache inhärentes semantisches Kriterium ermöglicht es, das eventuelle Begriffsfeld zu isolieren, auf das alle diese Denotationen verweisen könnten, sondern nur ein bestimmter Typus von Wissen, das der Beobachter dadurch erwirbt, dass er die in verschiedenen Kontexten vorgekommenen Aussagen interpretiert und miteinander verbindet.

Vor allem um diese Schwierigkeit zu verschleiern, hat die Ethnowissenschaft einen so ausgiebigen Gebrauch von der berühmten Unterscheidung zwischen *etic* und *emic* gemacht. Bekanntlich wurden diese Termini von dem Linguisten Kenneth Pik anhand der Suffixe von *phonetics* (Phonetik) und *phonemics* (Phonologie) geprägt, um das Verfahren, das sich für die sprachlichen Laute und ihre Notierungen als universelle akustische Phänomene (Phonetik) interessiert, besser von demjenigen zu unterscheiden, das sich für die Phoneme einer besonderen Sprache und die sie charakterisierenden relevanten Merkmale (Phonologie) interessiert. Analog zur Untersuchung der sprachlichen Laute lassen sich also, unabhängig von jeder kulturellen Dimension, die Merkmale der physischen Realität als *etic* betrachten, während ein *emic*-Verfahren darin besteht, »das Verhaltenssystem einer gegebenen Kultur zu entdecken und in ihren eigenen Termini zu beschreiben, indem man nicht nur die strukturellen Einheiten identifiziert, sondern auch die strukturellen Klassen, zu denen sie gehören«.[50] Eine Beschreibung vom *emic*-Typ müsste in der Ethnowissenschaft also darauf hinweisen können, welches in der Umwelt einer Kultur die *etic*-Elemente sind, die von ihr erkannt werden und denen sie eine besondere Bedeutung verleiht.

Doch die Umwelt einer Kultur ist weitaus komplexer als die akustischen Parameter der Sprache, und man sieht genau, dass es unmöglich ist, die so definierten *etic*-Elemente zu betrachten, wenn man vom gesamten kulturellen Kontext abstrahiert, da sie anfangs gemäß den Kategorien des Beobachters isoliert und als Prototypen des gesamten Systems der Welterkenntnis für relevant erachtet wurden. Zum Beispiel setzt eine ethnobotanische Untersuchung voraus, dass ein möglichst vollständiges Inventar der lokalen Flora als *etic*-Verfahren erstellt wird, und zwar vor der *emic*-Analyse der Klassifizierungen und Verwendungen der Pflanzen durch die untersuchte Population. Doch gerade die Eingrenzung des Objektbereichs selbst – der Botanik als spezialisierten Wissens über die Pflanzen – und seine innere Organisation – die Nomenklatur als lexikalischer Ausdruck der Diskontinuität der Arten – rühren von einer Aufteilung der phänomenalen Realität her, die schon seit Langem im Abendland akzeptiert ist, und keineswegs von einem von jedem kulturellen Vorurteil bereinigten Standpunkt. Die Zunahme der ethnobotanischen Studien mag zwar die Illusion erzeugen, dass der Bereich, dem sie gelten, vom *etic*-Typ ist, da sein Inhalt und seine Umrisse von der Überlappung oder der Konvergenz der verschiedenen *emic*-Beschreibungen, die man von ihnen gibt, bestätigt zu werden scheinen, doch wird diese experimentelle Verifizierung nie etwas anderes sein können als eine Bestätigung der Prämisse, die die Pflanzenwelt als ein spezialisiertes Forschungsfeld begründet hat. Weil die Realisten die Idee nicht infrage stellen, dass eine innere und äußere Segmentierung der natürlichen Ordnung den universellen Hintergrund bildet, vor dem sich die kulturellen Besonderheiten bewerten lassen, kündigten sie die denotative Konzeption des lokalen Wissens an, wie die Universalisten sie verfechten. Zwar wird hier die Willkür des Zeichens nicht infrage gestellt, wie B. Berlin es tut, doch die Eingrenzung der semantischen Kategorien, mit deren Hilfe die Realität erfasst wird, bleibt abhängig von einem Referenten, von dem diskussionslos vorausgesetzt wird, dass er jede besondere Kultur transzendiert.

In seinem Plädoyer für die Ethnowissenschaft macht William Sturtevant darauf aufmerksam, dass eine der Aufgaben dieses Zweigs der Ethnologie »als die Lösung des alten Problems der Übersetzung angesehen werden kann«.[51] Vielleicht, jedoch unter der Voraussetzung, man präzisiert, dass es sich nicht um eine einfache Übersetzung der Kultur des Beobachteten in die des Beobachters, diesen Gemeinplatz der Ethnologie, handelt, sondern wirklich um eine Übertragung in beide Richtungen, indem der Beobachter damit beginnt, seine Kultur in die des Beobachteten zu übersetzen und dort eine Aufteilung der Welt ähnlich der ihm vertrauten entdeckt, bevor er diese in eine von seiner Herkunftsgemeinschaft annehmbare Sprache rückübersetzt. Ob sie nun den Endpunkt der Reduktion bildet, die die naturalistischen Ansätze vornehmen, oder ob sie Gegenstand einer Übersetzung seitens der Ethnosemantik ist, immer handelt es sich um dieselbe homogene und autonome natürliche Ordnung, die für die Rechtmäßigkeit des von den Analytikern der Kultur erzeugten Wissens bürgt. Im Übrigen hat diese geteilte Prämisse einen paradoxen Chiasmus zwischen den Methoden und den Resultaten der einen wie der anderen zur Folge. Denn die Fetischisierung der adaptiven Zwänge durch die ökologische Anthropologie führt schließlich zum Partikularismus, da jede Kultur zu einer einzigen Antwort auf die Besonderheiten ihrer Umwelt wird, während die relativistische Ethnowissenschaft ihre Beschreibungen der kulturellen Klassifizierungen der Natur auf die mutmaßliche Universalität der Realität stützt, von der angenommen wird, dass diese Klassifizierungen ihr

Rechnung tragen. Jede führt zu dem Punkt, von dem die andere auszugehen glaubte, da die vom Dualismus erlaubten Wege Neuerungen in der Art und Weise, die Nutzung der Welt zu erfassen, wenig zuträglich sind.

JEDEM SEINE NATUR

Vielleicht wird man meinen, dass die vorstehenden Ausführungen Fragen der Epistemologie zu sehr begünstigen, deren Einfluss auf die ethnografische Praxis doch unerheblich sei. Ebenso wie die Molekularbiologie gültige experimentelle Ergebnisse erzielt, ohne sich um eine wirkliche Theorie des Lebens zu kümmern, so könnten die Beschreibungen und Analysen der Institutionen und der Sitten exotischer Völker sehr gut ohne eine raffinierte Gnoseologie und ohne eine reflektive Methodologie auskommen. Die Erfahrung zeigt doch, dass eine kräftige Dosis Empirismus, ein wenig Demut und viel Geduld und Intuition meistens das einzige erforderliche Gepäck sind, um mit Feingefühl den Sitten und Gebräuchen der anderen Rechnung zu tragen. Und bringen im Übrigen nicht alle Ethnologen, die die Mitglieder derselben Ethnie in nicht allzu fernen Epochen aufgesucht haben, im Großen und Ganzen vergleichbare Informationen mit, und zwar ganz unabhängig von ihren theoretischen Neigungen, dem jedem zuzurechnenden Teil an Subjektivität oder den Zufällen des Ablaufs ihrer Untersuchung? Ein Ritual, eine Heiratsregel, ein Filiationsprinzip, eine Fischfangtechnik oder ein Gütertauschsystem variieren ja nicht je nachdem, wer ihre Zeugen sind, und die in ähnlichen Termini abgefassten Darstellungen der aufeinanderfolgenden Beobachter sollten wohl eine hinreichende Garantie dafür sein, dass die Ethnologie den gröbsten Fallen des Ethnozentrismus zu entgehen vermochte.

Das alles ist sicher richtig, wenn man sich mit dem möglichst getreuen Bericht einer Sequenz von Gesten und

Worten begnügt, da eine öffentlich formulierte Regel Gegenstand eines Konsenses oder eines Korpus von Aussagen darstellt, der von der mündlichen Tradition sanktioniert ist. Aber der Ethnograf ist kein Gerichtsvollzieher, und er tut mehr, als amtliche Protokolle anzufertigen. Er interpretiert, das heißt, er gibt rätselhaften Verhaltenweisen einen Sinn, indem er dem Anderen Glaubensvorstellungen zuschreibt, von denen er annimmt, dass sie seine Handlungen motivieren. Doch auch wenn der Beobachter diese Vorstellungen notwendigerweise mit einem Inhalt versieht, der sich von dem, der seine eigenen charakterisiert, unterscheidet – obwohl er häufig meint, keine zu haben –, so verleiht er ihnen dennoch denselben Status, den er dieser Art von Vorstellungen in seiner Herkunftsgemeinschaft zugesteht. Anders gesagt, die Glaubensvorstellungen werden nicht für legitime Kenntnisse gehalten, sondern für symbolische Artefakte, mittels deren man glaubt, dass diejenigen, die daran glauben, der Ansicht sind, auf die Welt einwirken zu können.[52] Vor Ort wird der Ethnograf zum Beispiel nicht umhin können, einen Unterschied zwischen den meteorologischen Kenntnissen einer Population zu machen, die auf einer langen Reihe strenger Beobachtungen gründen, und den magischen Ritualen oder Beschwörungen, die dazu bestimmt sind, Regen zu bringen. Die Vorhersage der Wetterveränderungen gehören angeblich zu einem positiven Wissen, auch wenn es häufig widerlegt wird, das heißt, es soll für den Beobachteten wahr und für den Beobachter verifizierbar sein, während die Regenrituale auf religiösen Vorstellungen beruhten, die objektiv falsch seien – da sie den Erwartungen des gesunden Menschenverstands und den wissenschaftlichen Erkenntnissen zuwiderlaufen –, subjektiv jedoch wahr für diejenigen, die diese Zeremonien vollziehen. Bei der ethnografischen Untersuchung hat der Dualismus von Natur und Kultur, den der Beobachter mit sich herumträgt, also zur Folge, dass er das System der Objektivierung der Realität, das er untersucht, als eine mehr oder weniger verarmte Variante des uns vertrauten Systems begreift, da sich das lokale System als außerstande erweist, unsere Realität vollständig zu objektivieren.

Wahrheit und Glaubensvorstellungen

Die Anthropologie hat drei große Strategien – die bisweilen bei ein und demselben Autor kombiniert werden – eingeführt, um einem solchen Unterschied zwischen unserer Kosmologie und denen der nichtmodernen Völker Rechnung zu tragen. Die einfachste besteht darin, die praktische Tätigkeit von dem Nebel der religiösen Vorstellungen und des Aberglaubens zu trennen, durch den die Menschen im Imaginären die realen Bedingungen ihrer kollektiven Existenz entstellen. Sosehr sich die Praxis auf objektive Kenntnisse, wirksame Techniken, genaue Einschätzungen der natürlichen Bestimmungen stütze, sosehr sei das nichtpraktische Denken lediglich ein phantasmagorischer Widerschein der Beziehungen, die die Individuen untereinander und zu ihrer Umwelt knüpfen; kurz, eine Ideologie. Da sich die Ethnologen lange mit klassenlosen oder im Innern wenig differenzierten Gesellschaften befasst haben, soll der ideologische Überbau weniger die Funktion haben, noch embryonale Formen ökonomischer oder politischer Entfremdung zu verschleiern, vielmehr sei er ein Mechanismus, der die soziale Integration und die ökologische Anpassung derer gewährleistet, die dem Wertesystem, in dem er zum Ausdruck kommt, angehören. In dieser Perspektive, die von einigen marxistischen Autoren, von den Verfechtern des »kulturellen Materialismus« oder den Verteidigern des Utilitarismus geteilt werden, ist der Mensch in erster Linie ein bedürftiges Wesen, sodass der objektive Kern seines Handelns in der Welt nur eine Instrumentalisierung der materiellen Realität durch die Arbeit sein kann. Dank der Arbeit entnimmt der Mensch seine Subsistenzmittel seiner Umwelt und verändert diese zum Teil, indem er sich bei dieser Aktion insofern selbst verwandelt, als er mit seinen Artgenossen und den Gegenständen eine soziale Vermittlung stiftet; damit objektiviert er die Natur und macht sie zu einer von ihm selbst unterschiedenen Totalität. Das der Praxis zugestandene Primat, der einzigen Quelle jeder Positivität, führt nun dazu, eine Welt der »Vorstellungen« zu isolieren, die entweder zu einem deformierten Echo der vom sozialen Gebrauch der natürlichen Ressourcen verursachten Zwänge wird oder zu einem rückwirkenden Filter, mit dessen Hilfe dem Bewusstsein Teile der Realität und der menschlichen Tätigkeit vergegenwärtigt würden, die vor und außerhalb jedes Denkens existieren sollen.[53] Für eine Anthropologie dieses Typs wird die Ethnografie letzten Endes unnötig, da die sozialen Akteure, die nie etwas von den Motiven wissen, die sie zum Handeln drängen, denen, die ihnen zuhören wollen, nur armselige Fabeln zu bieten haben.

Ein andere, barmherzigere Herangehensweise betrachtet die Kosmologien und die religiösen Vorstellungen der nichtmodernen Völker als Systeme zur Erklärung der Natur, die im Hinblick auf die wissenschaftlichen Lehren zwar irrig seien, aber von einem aufrichtigen Willen zeugten, der Welt Ordnung und Sinn zu geben, indem sie Kausalitätsbeziehungen zwischen den Phänomenen entdeckten. Im klassischsten Ausdruck dieser Auffassung, die einst von Evans-Pritchard vorgelegt wurde, sind die traditionellen Religionen unter anderem ein geistiges Modell der Organisation der natürlichen Welt und ihrer dynamischen Prinzipien, der Absicht nach der modernen Wissenschaft vergleichbar, eine regelrechte Theorie, die bei denen, die sie teilen, Verhaltensweisen hervorbringt, die darauf abzielen, ihre kosmologischen Kenntnisse für nützliche Zwecke zu verwenden. Die Magie sei somit nur die praktische Übersetzung eines die Natur der physischen Welt betreffenden Systems von Glaubensvorstellungen, das bestimmte mutmaßliche Eigenschaften dieser Welt dazu nutze, sich die Herrschaft über sie zu sichern, eine Form von trügerischen Ideen ausgehenden instrumentalen Handelns, die jedoch ihrem Geist nach der operatorischen Wirksamkeit des Determinismus gerecht werde.[54] Eine radikalere – und ältere – Version dieses herkömmlicherweise als intellektualistisch bezeichneten Ansatzes hat sich bemüht, den Ursprung der magisch-religiösen Vorstellungen durch die Funktion zu rechtfertigen, die sie erfüllen: Aus dem Bedürfnis entstanden, die Naturerscheinungen zu verstehen und auf sie einzuwirken, müsse man in ihnen Hypothesen über die Funktionsweise der Welt sehen, die im Hinblick auf den Kontext, in dem sie formuliert wurden, absolut rational seien.[55] Als zaghafte Antizipationen der Wissenschaft, stammelnde Objektivierungen der in der Natur zu beobachtenden Regelmäßigkeiten, unterschieden sich die nichtmodernen Kosmologien also nicht aufgrund einer fehlerhaften Argumentation von der unseren, sondern aufgrund der Unfähigkeit, jene Ebenen der phänomenalen Realität zu erkennen, wo eine deterministische Erklärung berechtigterweise angewandt werden könne.

Bekanntlich verurteilte Durkheim die Idee, dass die traditionellen Religionen rudimentäre Theorien der Mechanismen der physischen Welt seien, vielmehr sei es »ein Begriffssystem, mit dessen Hilfe sich die Individuen die Gesellschaft vorstellen, deren Mitglieder sie sind, sowie die zwar dunklen, aber engen Beziehungen, die sie zu ihr haben«.[56] Während das intellektualistische Vorgehen den Akzent auf die kosmozentrische Dimension der magisch-religiösen Tatsachen legte, betonten Durkheim und die Verfechter einer symbolischen Lesart der Religion deren anthropozentrischen Aspekt: Die Aussagen, die sie macht, beziehen sich weniger auf das System der Welt als auf die Beziehungen zwischen den Menschen, sie bringen eher einen bestimmten Zustand der moralischen Gemeinschaft zum Ausdruck, als dass sie ein begriffliches Gerüst für die magischen Handlungen liefern, die darauf abzielen, sich die Kontrolle über die Dinge zu sichern. Für die Intellektualisten Gegenstand eines embryonalen Vorhabens rationaler Erklärung, wird die Natur für die Durheimianer ein Hintergrund, der von den jedesmal anderen Kategorien geleitet wird, die die menschlichen Kollektive auf ihn projizieren: Genau wie die Religion sei die Natur der Nichtmodernen die verklärte Gesellschaft; in den Vorstellungen, die eine Gesellschaft sich von ihr macht, lassen sich die Werte, die Normen, die Codes ablesen, mit deren Hilfe die Menschen ihr soziales Leben denken und organisieren. Und auch wenn diese Vorstellungen der physischen Welt noch nach dem Modus des Widerscheins funktionieren, dann nicht mehr als ein phantasmagorisches Bild der als objektiv geltenden Praktiken und Phänomene, sondern als ein mutmaßlich zuverlässiger Hinweis auf bestimmte menschliche Existenzbedingungen, die der Symbolik der Natur eine unleugbare Überzeugungskraft verleihen.

Das Geheimnis der Modernen

Daraus, dass man die Kulturen wie lauter symbolische Dispositive variieren lässt, die eine gleichartige Natur kodieren, ergibt sich, wie wir sahen, eine große Teilung zwischen denen, deren »Weltsicht« auf entstellte Weise bestimmte Eigenschaften des Realen widerspiegeln, und denen, die sich rühmen, dank wissenschaftlicher Forschung ein richtiges Verständnis der Realität zu besitzen. Doch die Nichtmodernen in die Dunkelheit der Ideologie und der Glaubensvorstellungen zu verweisen, hat den zusätzlichen Nachteil, die Aufgabe ungemein zu erschweren, die einzige Kultur zu verstehen, die sich rühmt, dem Relativismus entronnen zu sein, indem sie ihre Universalitätsansprüche auf ihre Fähigkeit gründet, eine natürliche Ordnung einzugrenzen und ihre Gesetze zu entdecken. Die Verherrlichung der Wissenschaft als Archetypus des gültigen Wissens und transzendente Quelle der Wahrheit behindert jedes Nachdenken über die bizarre Kosmologie, die wir zu schaffen verstanden, da das Prinzip ihrer Konfiguration selbst, die Trennung zwischen einer homogenen Natur, deren Geheimnisse zu ergründen wir die Mittel gefunden haben, und heterogenen, der Willkür preisgegebenen Kulturen, nicht infrage gestellt werden kann, ohne dass das majestätische Gleichgewicht des modernen Gebäudes bedroht und der Vorrang untergraben wird, den es sich gegenüber der disparaten Ansammlung armseliger Hütten anmaßt, auf deren Trümmern es errichtet wurde. Man wird sagen, dass der Refrain bekannt sei, dass seit bald zwei Jahrhunderten ein ständiges Klagekonzert die Entzauberung der Welt durch die Schuld der Wissenschaft und der Technik betrauere und dass die Reaktionäre jeglicher Couleur, die ängstlichen Kommunitaristen und die Nostalgiker der Authentizität diese Litanei lange genug hätten ertönen lassen, als dass es nötig wäre, sie noch einmal anzustimmen.

Deshalb habe ich auch nicht die Absicht, die wissenschaftliche oder technische Tätigkeit zu geißeln, eine höchst unsinnige Aufgabe, ich will lediglich unterstreichen, wie schwierig es ist, diese zentrale Dimension unserer eigenen Gesellschaft mit dem »Blick aus der Ferne« zu betrachten, mit dem die Ethnologen die nichtmodernen Gesellschaften beobachten und analysieren, diese fruchtbare Spannung zwischen einer Ausgangssituation der maximalen Distanz und den Mitteln, die es ermöglichen, sie zu verringern. Denn ein solcher Abstand lässt sich weit schwerer herstellen, wenn Beobachter und Beobachteter ihre Prämissen teilen, selbst wenn sich ihre soziale Herkunft, ihre praktischen Kompetenzen und ihre Lebensweisen vollkommen unterscheiden. Ungeachtet des wunderbaren kritischen Blicks, den die Modernen auf sich selbst richten konnten, bevor sie ihn dazu nutzten, die anderen kennenzulernen, trotz der Fähigkeit des Staunens, das seit Platon das Merkmal des Philosophen sein soll, ist es schwierig, eine Ansammlung von Individuen, deren elementare Gewissheiten man teilt, mit offenen Augen zu sehen. Tatsächlich kann der Analytiker der modernen Gesellschaften, der wie diejenigen, die er untersucht, in einer sich angeblich auf die ganze Menschheit erstreckenden naturalistischen Kosmologie steckt, nicht mit der Hilfe eines Standpunkts außerhalb seiner rechnen, von dem aus er sich betrachten könnte und der ihn, indem er ihn sich selbst zum Fremden macht, auffordern würde, energischer nach den Grundlagen seiner eigenen Stellung in der Welt zu fragen.[57]

Diese Bemerkungen wollen natürlich in keiner Weise die Bedeutung der soziologischen Studien über die modernen Gesellschaften bestreiten; sie präzisieren lediglich die Gründe, warum die Ethnologen, die Erfahrung mit nichtmodernen Gesellschaften haben, durch die Umstände in einer günstigeren Lage sind, ihre Kurzsichtigkeit zu überwinden, da sie mit Systemen der Objektivierung der Welt konfrontiert sind, die nicht mit dem ihren übereinstimmen und ein neues Licht auf letztere werfen, das ihre Merkmale und Eigenarten hervorhebt. Deshalb überrascht es nicht, dass Ethnologen unter den Ersten waren, die die Universalität der Aufteilung der Menschen und der Nichtmenschen in dem Wesen nach getrennte Bereiche infrage stellten, begleitet von Spezialisten anderer Wissensgebiete – Geografen, Philosophen oder Historiker –, die ihre Vertrautheit mit Zivilisationen, die außerhalb des modernen Westens liegen oder ihm vorausgingen, zu denselben Zweifeln geführt hatte.[58] Auch muss daran erinnert werden, dass ein ganz neuer Zweig am Baum der Erkenntnis zu demselben Resultat gekommen ist, als man den Kern des Produktionsdispositivs der Moderne erforschte. Die Soziologie und die Wissenschaftsgeschichte, besser durch den englischen Terminus *science studies* bezeichnet, halten nicht mehr die pädagogische und normative Rede der klassischen Epistemologie, die dazu verurteilt ist, die Wissenschaft von jeder sozialen Ansteckung zu reinigen, sondern interessieren sich im Gegenteil für den Alltag der wissenschaftlichen Laboratorien und für die Entwicklung der Kontroversen zwischen Forschern, für die Produktion der Tatsachen und die Mechanismen ihrer ontologischen Reinigung, für die technische Entdeckung und Erprobung, für die industriellen und politischen Entscheidungen, kurz, für die Verflechtung der Theorien und der Gegenstände, der Maßsysteme und der Evaluationsinstanzen, der persönlichen Absichten und der kollektiven Pressionen.[59] Weit davon entfernt, die Gültigkeit der Materie und des Lebens infrage stellen zu wollen, wie ihr oft vorgeworfen wurde, macht die sorgfältige Arbeit, die Wissenschaft in Aktion zu beobachten, sie komplexer und realistischer, sodass sie jedenfalls viel weniger der Trennung zwischen natürlicher Ordnung und sozialer Ordnung entspricht, auf die die Modernen die Ursprünglichkeit ihrer Kosmologie glaubten gründen zu können. Indem sie die Menschen und die Nichtmenschen wieder als Schicksalsgemeinschaft sehen, entziehen die Soziologie und die Wissenschaftsgeschichte dem Positivismus eine seiner solidesten Stützen und bieten den Nichtmodernen im Ge-

genzug die Möglichkeit, eine Stimme zu hören, die vom Störgeräusch der großen dualistischen Apparate weniger verzerrt ist.

Monismus und Symmetrien

Auch wenn immer mehr Forscher seit etwa zwanzig Jahren begonnen haben, die Konsequenzen aus der Erschöpfung des Dualismus zu ziehen, sind sie sich bei Weitem nicht einig über den Weg, der zu einer anderen Herangehensweise führen könnte. Der üblichste Weg lässt sich im weiten Sinne als phänomenologisch bezeichnen: Es geht darum, das Geflecht der Erfahrung der sozialen und physischen Welt zu beschreiben, indem man sich so weit wie möglich von den objektivistischen Filtern befreit, die ihr unmittelbares Verständnis als vertrauter Umgebung behindern. Abgelehnt wird zum Beispiel, nach transzendenten Prinzipien soziologischer, kognitiver oder ontologischer Natur zu suchen, die die phänomenalen Interaktionen auf einen rein expressiven Status reduzieren würden; ebenso abgelehnt wird die Verwendung allzu partikularisierter oder allzu historisierter kultureller Kategorien – Gesellschaft, Wert, Ding an sich oder Repräsentation –, um der Fluidität der Beziehungen Rechnung zu tragen, die Menschen und Nichtmenschen in einem kontinuierlichen Gewebe wechselseitiger Identitätszuschreibungen vermischen. Weil es versucht, der Art und Weise, wie die beschriebenen Gemeinschaften leben und ihr Verhältnis zur Welt wahrnehmen, möglichst nahezukommen, gewinnt ein solches Vorgehen zweifellos an Genauigkeit oder an Wahrscheinlichkeit, gemessen an Erkenntnisweisen, die den Akzent auf die Aufdeckung strukturaler oder kausaler Determinationen legen. Allerdings muss man einräumen, dass der Vorteil eines realistischeren Erfassens der lokalen Komplexität auf Kosten einer geringeren Verständlichkeit der globalen Komplexität geht, das heißt der vielfältigen Formen des Verhältnisses zu den Existierenden; denn die auf ethnografischer Ebene erreichte Transparenz wird zu einem Faktor der Undurchsichtigkeit, sobald man versucht, die Gründe für die Verschiedenheit der bestehenden Standpunkte zu erklären, für die die Ethnografie und die Geschichtswissenschaft uns Zeugnisse liefern.

Ein Zweig dieser phänomenologischen Anthropologie beruft sich explizit auf eine Ontologie des In-der-Welt-seins und schöpft seine Inspiration aus der Husserlschen Idee der *Umwelt*[60] als ursprünglichen Boden unserer Erfahrung und des Horizonts unserer Intentionalität, sowie aus der Weiterentwicklung und Neuformulierung dieser Idee durch Heidegger oder Merleau-Ponty. Zu diesem philosophischen Sockel gesellt sich das geteilte Interesse für die bahnbrechenden Arbeiten von Jakob von Uexkül über die subjektive Konstruktion der Umwelt durch die Tiere und die Menschen sowie für die jüngeren Arbeiten von James Gibson über den Begriff der *affordance* in der tierischen Wahrnehmung als Verbindungsdispositiv zwischen bestimmten hervorstechenden Eigenschaften des erkannten Gegenstands und bestimmten Verhaltensorientierungen des wahrnehmenden Subjekts.[61] Mit diesem Erbe ausgestattet charakterisiert zum Beispiel Tim Ingold die Beziehungen der Jäger und Sammler zu ihrer Umwelt als totales Eintauchen, als aktives, perzeptives und praktisches Verhältnis zu den Komponenten der erlebten Welt, im Gegensatz zur klassischen anthropologischen Perspektive, die von vornherein die Exteriorität der Natur setzt, die dann vom Denken und von geeigneten Symbolen gemäß einem bestimmten kulturellen Schema erfasst werden muss, bevor eine praktische Tätigkeit in ihr begonnen werden kann. Diese »Ontologie des Wohnens« (*ontology of dwelling*), bei den Jägern und Sammlern in höchstem Maße offenkundig, ist ihnen in keiner Weise vorbehalten; Ingold zufolge bringt sie die Situation des Menschen genauer zum Ausdruck als ihre Alternative, die westliche Ontologie und deren Ausgangspostulat eines von der Welt getrennten Geistes.[62] Anders gesagt, die Ontologie der Jäger und Sammler ist wahr, dem Realen angemessen, eine getreue Wiedergabe der Komplexität der Erfahrung der Existierenden, im Unterschied zu den mühsamen Konstruktionen der Modernen, die sich in der Analytik der Dualismen und der Vielfalt der Vermittlungen zwischen dem Subjekt und dem Objekt verirren.

Völlig legitim als philosophisches Glaubensbekenntnis, ist eine solche Position auf der anthropologischen Ebene, auf der Ingold zu stehen behauptet, jedoch nicht mehr legitim. Sie kehrt nämlich das übliche ethnozentrische Vorurteil lediglich um: nicht mehr der Animismus der archaischen Völker erscheint als unvollständige Version oder als unbeholfene Vorform der wahren Objektivierung des Realen, wie die Modernen es feststellen, sondern ebendiese Objektivierung zeigt sich als monströser Auswuchs, der die Wahrheit der ersten Welterfahrung verbirgt, so wie die Jäger und Sammler, von der Phänomenologie hervorgebracht, Zeugnis von ihr ablegen konnten. Doch für die Anthropologie ist keine Ontologie an sich besser oder wahrer als eine andere; jede von ihnen muss untersucht werden, nicht mit der Elle ihrer Wahrscheinlichkeit oder ihrer moralischen Tugenden und je nachdem, ob sie ein authentischeres Leben oder eine vollständigere Enthüllung ihrer Triebfedern ermöglicht oder nicht, sondern nach den Veränderungen, die sie im Vergleich zu allen anderen in ihrer Art, einer geteilten Welterfahrung Gestalt zu geben, aufweisen mag.

Die Überlegenheit einer besonderen Ontologie unter dem Vorwand zu verfügen, dass sie den allgemeinen Linien einer

Philosophie entspricht, deren Verführungskraft schwerlich jemand entgehen könne, heißt, sich ebenso sicher zu verbieten, die Verschiedenheit der Formen des Verhältnisses zur Welt zu verstehen, wie die Codes und die Institutionen des zeitgenössischen Abendlands zum Maßstab des ethnografischen Urteils zu nehmen. Ingold räumt es im Übrigen ohne Weiteres ein: »Es liegt nicht in meiner Absicht, einen Vergleich zwischen den ›intentionalen Welten‹ der Jäger und Sammler und den westlichen Gelehrten zu ziehen«, und er fügt hinzu: »sicher ist es eine Illusion zu vermuten, dass ein solcher Vergleich auf Augenhöhe gezogen werden könne.«[63] Dabei ist ein solches Projekt keineswegs illusorisch, solange man nicht annimmt, dass die Pygmäen und die Physiker ihrer Natur nach verschieden sind, dass ihre jeweilige Art, die Kontinuitäten und Diskontinuitäten der Welt wahrzunehmen und zu erfahren, Mechanismen entsprechen, die derart heterogen sind, dass sie auf parallelen, nicht kommunizierbaren Ebenen des Realen existieren. Doch nichts hindert einen jungen Robbenjäger aus der sibirischen Tschukotka daran, ein geachteter Geograf zu werden, wie es bei Nicolai Daurkin im 18. Jahrhundert der Fall war, noch einen Bauern aus der Sologne, sich in einer »intentionalen Welt« von Jägern und Sammlern zu bewegen, will man dem Romantalent von Maurice Genevois Glauben schenken.[64] Nicht ihre Fähigkeiten unterscheiden die Jäger und Sammler von den Gelehrten, sondern die Kodierungs- und Unterscheidungsschemata der phänomenalen Realität, mit deren Hilfe sie gelernt haben, ihre Erfahrung der Dinge niederzulegen und zu übermitteln, Schemata, die aus historischen Entscheidungen hervorgegangen sind, die hier oder dort diese oder jene Gruppe möglicher Beziehungen zur Welt und zu anderen begünstigt haben, sodass die Kombination dieser Beziehungen in Ensembles *sui generis*, die schon vor der Geburt der sie aktualisierenden Individuen bestanden, von ihnen als auf natürliche Weise kohärent erlebt wird. In seinem ikonoklastischen Bestreben, alle sozialen Vermittlungen auszumerzen, die im Ruf stehen, die Evidenz der praktischen Tätigkeit zu verdunkeln – Sprachkategorien, Verhaltensnormen, Werte, Erziehungssysteme und Erkenntnisse –, scheint Ingold nicht zu beachten, dass wir nur dank diesen Übersetzungsdispositiven Zugang zum Anderen und folglich zu seiner Welterfahrung haben, da sie die Formulierungen bedingen, in die jeder Mensch sie zu kleiden vermag. Es ist nicht Aufgabe der Anthropologie, über den Wahrheitsgehalt der Ontologien zu befinden; sie läge eher darin, zu verstehen, wie alle diese Ontologien, auch die unsere, ausgehend von einer Position praktischen Einsatzes, von dem man annehmen darf, dass er der Menschheit gemeinsam ist, an bestimmten Orten und zu bestimmten Epochen für evident gehalten werden konnten.

Das Bemühen der phänomenalen Anthropologie, sich zwischen dem Sein und dem Seienden anzusiedeln, macht sie empfänglich für den geringsten Luftzug, der sie bald zu einer fluiden Welt drängt, aus der die Menschen fast verschwunden sind, bald zu einer Überfülle von ihr aufgezwungener Bedeutungen. Deshalb ist Augustin Berque, obwohl auch er von einer relationalen Ontologie und einer Ethik des Wohnens ausgeht, an der Schwelle jener verallgemeinerten Subjektivierung der Lebewesen und der Dinge durch die praktische Interaktion, wie Ingold sie schildert, stehengeblieben. Bei seinem Versuch, eine Ethik der Ökumene zu formulieren, das heißt der Erde als Bleibe der Menschheit, ein Ausdruck der Heideggerschen Idee der Weltlichkeit und Quelle einer Beziehung transzendenter Wahrheit zu den besonderen Existenzen, interessiert sich Berque zunächst für die Erfordernisse des zeitlichen Kontexts: Zu analysieren, was er die »Trajektivität« eines Milieus oder einer Epoche nennt, verlangt von Seiten des Beobachters ein umso strengeres

»Bemühen um Objektivierung«, als er in der Epochalität der Welt gefangen ist, in der er lebt; weit davon entfernt, die Perspektive der Jäger und Sammler zu validieren, sollte die Phänomenologie also von einer doppelten Überwindung zeugen, sowohl des modernen Denkens wie des holistischen Denkens der archaischen Völker.[65] Aber Berque unterscheidet sich von Ingold vor allem durch ein unzweideutiges soziozentrisches *a priori*: »Die Projektion der menschlichen Werte auf die Umwelt macht diese zu einem menschlichen Milieu.«[66] Ingolds gesamtem kritischen Vorgehen dagegen liegt die Ablehnung eines solchen projektiven Prozesses zugrunde, ihm zufolge ein heimliches Mittel, die Unterscheidung zwischen einer stummen Natur und einer bauchrednerischen Kultur zu verewigen, die das phänomenologische Vorgehen doch gerade beseitigen will.[67] Zwischen der Auslöschung der Menschen in der Jungfräulichkeit einer praktischen Welt ohne Regeln und ohne Repräsentationen und der Vormachtstellung des Menschen bei der Definition dessen, was auf der Erde Sinn ergibt, scheint der Mittelweg des In-der-Welt-seins also zu vielen Zickzacks verurteilt zu sein.

Eine andere Art, sich in der Mitte einzurichten, besteht darin, den beiden Polen Natur und Kultur gleiches Gewicht zu geben und zu untersuchen, wie die wissenschaftliche und technische Praxis zu einer Sortierung und Neuzusammensetzung bei den Hybriden führt, die sie erzeugt, um sie besser auf jene reinen Formen zu verteilen, wie das Subjekt und das Objekt, die Gesellschaft und die physische Welt, das Universelle und das Relative es sind. Dies ist der Standpunkt jener Soziologen, die sich um Michel Callon und Bruno Latour geschart und die Errichtung einer symmetrischen Anthropologie geplant haben.[68] Im Bestreben, das Studium der Wissenschaften und Techniken neu zu beleben, haben sie sich bemüht, das erste Symmetrieprinzip zu überwinden, das von David Bloor formuliert wurde, der empfiehlt, Wahrheit und Irrtum auf die gleiche Weise zu behandeln, die Erfolge der Wissenschaft ebenso wie ihre Niederlagen, im Gegensatz zur konventionellen Epistemologie und Erkenntnissoziologie, die sich mehr für die Fehlschläge der wissenschaftlichen Produktion und die Hindernisse interessieren, die sie überwinden muss, als für ihre normale Tätigkeit, sobald sie anerkannt und institutionalisiert ist.[69] Doch bleibt dieser erste Ausgleich selbst asymmetrisch, da er den Erfolg des Wahren und das Scheitern des Falschen durch die ideologischen und sozialen Zwänge erklärt, denen die wissenschaftliche Praxis unterliegt, und infolgedessen die Natur als intellektuelle Konstruktion betrachtet, als ein Objekt, dessen Konfiguration je nach den historischen Umständen und den vor Ort vorherrschenden Denkweisen variiert, wobei er gleichzeitig das Privileg, zu definieren, was in der Wissenschaft legitim ist oder nicht, allein der Gesellschaft zugesteht, wodurch sie mit einem robusten Realismus ausgestattet wird, den Durkheim nicht missbilligt hätte. Eine ausgeglichenere Symmetrie ist also erforderlich, um die Mechanismen zutage zu fördern, die in den Laboratorien, den Forschungsinstituten oder den Industriestandorten unentwirrbare Mischungen von physischen Phänomenen und Messinstrumenten, ökonomischen Imperativen und materiellen Dispositiven, Rechtsvorschriften und Prinzipien der Methode hervorbringen. Kurz, man muss die unaufhörliche Arbeit der Vermittlung zwischen Quasiobjekten und Quasisubjekten überall dort aufspüren, wo sie in der modernen Welt betrieben wird, ohne sich allzu sehr bei der offiziellen Version aufzuhalten, die die Vermittler über ihr Tun vorlegen.

Ein solches Unterfangen ist seiner Inspiration nach ethnografisch: So wie die Anthropologen, die die nichtmodernen Völker beschreiben, Jagdrituale, Ahnenkult,

Melioration und Autoritätsformen in ein und demselben Ensemble verbinden, so befassen sich die auf Symmetrie erpichten Soziologen damit, hinter der dualistischen Rede der Modernen herauszufinden, auf welche Weise sie ontologische Mischungen hervorbringen, sowie die Verfahren zu ermitteln, dank denen sie die Eigenschaften der Menschen und der Nichtmenschen determinieren und die Art ihrer Beziehungen, die Formen ihres Zusammenschlusses sowie ihre jeweiligen Kompetenzen definieren. Doch im Unterschied zu den auf einem Areal verankerten Gesellschaften, die die Ethnologen lange Zeit zu ihrem ausschließlichen Forschungsbereich erkoren haben, befreien sich die Gegenstände der neuen Wissenschaftssoziologie von den lokalen Bindungen; sie entfalten sich in Netzen, in denen ein und derselbe Typus von Praxis herrscht, der darauf abzielt, durch wechselseitige Übersetzung hybride Kombinationen von Natur und Kultur zu erzeugen, sodass die Gelehrten und die Phänomene, die sie objektivieren, die Ingenieure und ihre Maschinen, die Administratoren und ihre Vorschriften als das enthüllt werden, was sie sind, Sprecher der einen wie der anderen. Diese Anthropologie versteht sich in einem anderen Sinn ebenfalls als symmetrisch. Da sie die Große Teilung ablehnt, stellt sie die Modernen und die Nichtmodernen auf dieselbe Stufe und nimmt sich vor, Kollektive, innerhalb deren sich Aufteilungen zwischen den Lebewesen und den Eigenschaften vollziehen, alle gleich zu behandeln: sowohl diejenigen, auf die sich die Anthropologie spezialisiert hat, jene Produzenten von Ontologien und Kosmologien, die die Modernen untersuchen, ohne ihnen zuzustimmen, als auch die Kollektive, in denen die positiven Kenntnisse, denen wir zustimmen, ohne wirklich zu untersuchen, auf welche konkrete Weise sie produziert werden. Indem sie dem modernen Dualismus die leitende Funktion abspricht, die ihm bisher zuerkannt wurde, und betont, dass die Menschen bei der Herstellung des gemeinsamen Lebens immer und überall Scharen von Nichtmenschen heranziehen, behandelt die symmetrische Anthropologie die Stämme Amazoniens und die Biologielabore, die Pilgerreisen zur Jungfrau Maria und die Teilchenbeschleuniger alle gleich. Sicherlich ein Programm, das die Ethnologen nicht gleichgültig lassen dürfte, denn es ist Träger der so lange ersehnten Versöhnung zwischen Exotischem und Vertrautem, zwischen den gelehrten Exegesen, zu denen die Nichtmodernen Anlass geben, und der undurchdringlichen Banalität, die die komplexesten Dispositive moderner Produktion mit einem Nimbus umgeben.

Doch wie lässt sich zwischen all diesen gefestigten Vermittlungen eine Auswahl treffen? Wie diese so verschiedenartigen Kollektive mithilfe der Ressourcen vergleichen, die sie mobilisieren? Wie die differenziellen Abstände, die sie voneinander unterscheiden, sichtbar machen? Darauf hat die symmetrische Soziologie nur eine Teilantwort, was zum großen Teil durch die besondere Natur ihrer Gegenstände bedingt ist. Danach sollen sich die Modernen und die Nichtmodernen im Wesentlichen darin unterscheiden, dass erstere sehr viel ausgedehntere Netze hätten schaffen können, in die eine größere Anzahl von Nichtmenschen, insbesondere Maschinen, Eingang fänden, sodass die Gemeinschaft, die sich aus dieser Mischung ergibt, inniger und komplexer werde.[70] Der Gegensatz ist also eher quantitativ als qualitativ, und er liegt eher in der Ausdehnung der Vernetzung und in der Dichte ihrer Verknüpfungen als in den heterogenen Formen der Kombinationen von Natur und Gesellschaft. In Wirklichkeit fehlt der symmetrischen Anthropologie noch eine allgemeine Theorie der Stabilisierung der menschlichen und nichtmenschlichen Kollektive in besonderen Praxisformen. Doch zweifellos müsste man, um eine solche Theorie zu entwickeln, gegen einige Prinzipien der Assoziationssoziologie (oder des Akteur-Netzwerks) verstoßen, die die symmetrische Anthropologie begründen, und stärker den instituierten Dispositiven vertrauen, die die Art und Weise organisieren, wie hier oder dort die Hybriden erzeugt werden, und die diese oder jene Konfiguration von Menschen und Nichtmenschen möglich oder unmöglich machen. Man müsste einräumen, dass jede Aufteilung eine Reihe von Sieben erfordert, deren Maschenabstand dem Material, das man auszusortieren wünscht, angepasst ist, kurz, dass vergleichen heißt, die Vielfalt der Strukturen aufzufangen, mit deren Hilfe die Menschen selbst das Aussortieren und die Neuzusammensetzung des Realen bewerkstelligen. Und Latour verkennt diesen Punkt nicht, wenn er den *anthropos* als ein »Wesen, das Morphismen zusammenbraut und mischt« definiert.[71] In der Tat ist es eine Eigentümlichkeit des Menschen, ein großer Verteiler ontologischer Schicksale zu sein, befähigt, sich unter diversen Masken zu zeigen, je nach den Formen, die er wählt, um sich zum Teil in Tiere, Maschinen oder Gottheiten zu delegieren. Doch diese Formen sind weder zufällig noch kontingent, sie entstehen nicht je nach den Unterhandlungen, um an der Peripherie der Netze zu erlöschen, sie zeichnen vielmehr eine Kombinatorik, aus der die Menschheit von jeher geschöpft hat, um den Beziehungen, die sie mit der Welt und mit sich selbst knüpft, Ordnung und Sinn zu verleihen.

Der Versuch, bei der Beschreibung des kollektiven Lebens die Dualität von Subjekt und Welt zu beseitigen, darf nicht dazu führen, die Suche nach den Rahmenstrukturen zu vernachlässigen, die in der Lage sind, der Kohärenz und Regelmäßigkeit der Verhaltensweisen der Mitglieder einer Gemeinschaft, dem distinktiven Stil ihrer öffentlichen und privaten Handlungen Rechnung zu tragen, als kodifizierte Ausdrucksformen, die sie ihr geben. Diese Spannung zwischen dem Zwang der Formen und der ursprünglichen Wahrheit der Erfahrung ist sicher nicht neu, sie befindet sich sogar im Herzen der modernen Entwicklung der Erkenntnisphilosophie.[72] Vor Kurzem hat sie durch die Debatten der kognitiven Wissenschaften besondere Kraft gewonnen: Auf der einen Seite stehen die Anhänger der inkorporierten oder situierten Kognition, die Schüler von J. Gibson und all jene, die den Dualismus von Geist und Körper ablehnen, um den Akzent auf die Strukturierung des Verständnisses als einer aus den Interaktionen zwischen dem Organismus und seiner Umwelt hervorgegangenen emergenten Eigenschaft zu legen; und auf der anderen Seite die Neo-Chomskyisten, die eine modulare Theorie des Geistes verfechten, der nach Art eines Gefüges von spezialisierten Dispositiven der Informationsverarbeitung aufgefasst wird.[73] Da erstere der individuellen Erfahrung ein übermäßiges Privileg zugesteht, haben sie Mühe, die Stabilisierung der geteilten Vorstellungen zu erklären und den Anteil, der diesen bei der Strukturierung der Praktiken zukommt; und da letztere *a priori*-Kategorien des Denkens universalisieren, versäumen sie es, der Vielfalt seiner je nach dem Kontext besonderen Ausdrucksformen Rechnung zu tragen. Um mit den Linguisten zu sprechen, verschleiert die Tatsache, dass dem Standpunkt der Performanz eine zu ausschließliche Aufmerksamkeit geschenkt wird, die Organisation der Kompetenz, während die Suche nach den kognitiven Bedingungen der Kompetenz dazu führt, deren Ausdruck in der Performanz zu vernachlässigen. In beiden Fällen wird das Verständnis der Vielfalt beeinträchtigt, die die Systeme der Beziehung zur Welt aufweisen.

Deshalb muss dringend die Frage der Institution und der Stabilisierung der kollektiven Formen der Erfahrung wieder in Angriff genommen werden. Vielleicht meint man ja, dass ein solches Unterfangen kaum noch aktuell sei, so sehr scheinen die Sozialwissenschaften in den letzten zwanzig Jahren die Untersuchung der Strukturelemente vernachlässigt zu haben. Als Reaktion auf einen mehr karikierten als bekannten, meist auf einen abstrakten Formalismus reduzierten Strukturalismus, nach dessen Spur in den Schriften von Lévi-Strauss, Benveniste oder Dumézil man vergeblich suchen würde, hat man das ganze Arsenal an Spontaneität, Kreativität und Gefühl aufgeboten, hat die intentionale Kausalität der sozialen Akteure ins Feld geführt, hat die Bedeutung des Widerstands gegen die Hegemonie und die Unterdrückung in der historischen Dynamik hervorgehoben. Diese breite Bewegung zur Restauration einer endlich sich selbst transparenten, da von ihren Entfremdungen befreiten *praxis* – wie wünschte man sich, dass es wahr wäre! –, die sich gegen Widersacher richtet, die eigens zu diesem Zweck fabriziert wurden und deren sakramentale Anprangerung jeden theoretischen Gedanken ersetzt – daran ist Kant schuld, daran ist Descartes schuld, daran ist Lévi-Strauss schuld –, scheint allem zuwiderzulaufen, was die ethnografische oder soziologische Forschung uns gelehrt hat. Monografie um Monografie zeigt sie uns, dass die in einem Kollektiv zu beobachtenden Bräuche und Verhaltensweisen eine Beständigkeit und einen Grad an Automatismus aufweisen, den auf ein kulturelles Modell oder auf ein System expliziter Regeln zu beziehen ihre Mitglieder im Allgemeinen außerstande sind. Woher kommen diese geteilten Verhaltenweisen gegenüber der Welt und den anderen, die so routiniert sind, dass sie das Resultat eines Programms zu sein scheinen, und doch so tief verinnerlicht sind, dass sie fast nie in reflektiver Form an die Oberfläche dringen? Was verursacht ihre Dauerhaftigkeit und Allgemeinheit? Die Nachahmung, heißt es. Gewiss, aber warum findet man dann ähnliche Dispositionen in Weltgegenden, die so weit voneinander entfernt sind, dass jede Diffusion ausgeschlossen zu sein scheint? Die Reproduktion dessen, wovon man Zeuge ist, die Anpassung an das Verhalten anderer, der Wetteifer erklären zwar die Verbreitung eines Verhaltens- oder Aussagetypus innerhalb einer Gemeinschaft von Praktiken, nicht aber seine Existenz, seine Modalität oder die Tatsache, dass er mit anderen Verhaltensweisen oder Aussagen in derselben Gemeinschaft vereinbar ist. Um diesen Automatismen Rechnung zu tragen, kann man sich, was die bestmöglichen Entscheidungen betrifft, weder auf Repertoires von Regeln, die von der Erziehung eingetrichtert wurden, noch auf öffentliche Beschlüsse berufen. Vielmehr muss man in diesen Konvergenzen von Urteilen und Handlungen das Ergebnis kognitiver und sensomotorischer Modelle sehen, die die distinktiven Verhaltensformen lenken, Schemata der Praxis, die, um wirksam zu sein, implizit bleiben müssen und der kollektiven Spekulation entzogen sind.[74]

Universalismus und Relativismus

Die Suche nach Regelmäßigkeiten sowie die Konstruktion von Invarianten sind also wieder an der Tagesordnung. Doch wie soll man ein derartiges Unternehmen, das den Stempel des wissenschaftlichen Universalismus trägt, mit dem relativen Charakter des begrifflichen Dispositivs verbinden, mit dessen Hilfe wir unsere eigene Objektivierung der Welt ausdrücken? Wie kann eine Forderung nach anthropologischer Intelligibilität, die sich auf alle Menschen anwenden lässt, mit der Feststellung einhergehen, dass die Werkzeuge, die wir dabei benutzen, das zufällige Produkt des historischen Verlaufs einer einzigen Zivilisation sind? Eine erste Etappe besteht gerade darin, sich des unfruchtbaren und lähmenden Gegensatzes zwischen Universalismus und Relativismus zu entledigen. Denn diese beiden Begriffe sind in Wahrheit Mechanismen epistemologischer Dekantierung, die den Gegensatz zwischen Natur und Kultur in unvereinbare Credos transkribieren: Der Materie und dem Leben wird man universelle Gesetze zuerkennen; den Institutionen relative Normen. Zwischen beidem findet eine kleine Kulissenverschiebung statt, die es einigen ermöglicht, das Relative zu verringern, indem sie sich auf Determinationseffekte berufen, die überall auf die gleiche Weise wirken, und es anderen erlaubt, die Reinheit der Verfahren sowie die Absichten, die bei der Produktion der wissenschaftlichen Wahrheiten im Spiel sind, in Zweifel zu ziehen. Denen, die sich mit einer solchen Situation nicht zufrieden geben, wird gewöhnlich Blindheit gegenüber der hartnäckigen Evidenz der Tatsachen sowie die Neigung vorgeworfen, in Irrationalität oder moralischen Skeptizismus zu verfallen. Muss also präzisiert werden, dass ich in keiner Weise die Realität der Erdanziehung oder der Photosynthese ablehne, ebensowenig wie ich die große Heterogeneität der Lösungen bestreite, die die Menschheit für die Behandlung der Toten oder die Sozialisierung der Kinder gefunden hat? Natürlich stelle ich hier weder die Legitimität der wissenschaftlichen Arbeit noch die Gültigkeit der Erklärungen infrage, die sich daraus ergeben, sondern vielmehr den vereinbarten epistemologischen Rahmen, den viele Praktiker spontan übernehmen, sowie dessen Anspruch, als Richtschnur zu fungieren, nach der alles, was davon abzuweichen scheint, zu beurteilen sei.

Es scheint nämlich immer offenkundiger zu sein, dass die Verdinglichung der Eigenschaften, die in den Forschungsprogrammen, den Gnoseologien und den heterogenen Wertesystemen der Natur und der Kultur zugeschrieben werden, in eine Sackgasse führen muss bei dem Unterfangen, dem meine Aufmerksamkeit gilt, nämlich die vielfältigen Beziehungen zu verstehen, die die Menschen untereinander und zur Welt knüpfen. Auf diesem Gebiet ist die Aussetzung des Urteils in Bezug auf den Wahrheitswert dieser oder jeder Praxis oder Aussage zwingend geboten, will man unsere Auffassung der Lebewesen und der Dinge nicht ewig mit der Elle eines transzendenten Prototyps messen. Zum Beispiel will ich durchaus glauben, dass eine Gentherapie mehr Erfolgschancen hat als eine schamanische Kur, aber es wird der wissenschaftlichen geistigen Unabhängigkeit nicht gerecht, erstere als im Realen und Positiven und letztere im Symbolischen und Imaginären verankert zu definieren; denn die jeweiligen Eigenschaften dieser beiden Heiltechniken, die Kombinationen und Vermittlungen, die sie vornehmen, die Interaktionen, die sie hervorrufen, die ontologischen Aufteilungen, die sie widerspiegeln, und die Umstände ihres Entstehens werden inkommensurabel, sobald der Schamanismus sich der Untersuchung in einer abgeleiteten Position und gemäß einem mehr oder weniger großen Abstand darbietet, den er gegenüber den Kriterien biologischer Wahrheit und therapeutischer Effizienz der modernen Medizin aufweisen soll. Dies zu sagen läuft nicht auf ein relativistisches Glaubensbekenntnis hinaus, da der Relativismus nur möglich ist, wenn er sich mehr oder weniger offen an eine universelle natürliche Ordnung anlehnt, vor deren Hintergrund sich in aller Schärfe eine Unendlichkeit an besonderen kulturellen Formeln abhebt. Sobald wir diesen Hintergrund zum Verschwinden bringen, ohne deshalb die Existenz dieses Teils der Realität zu leugnen, die darzustellen seine Aufgage ist, fügen sich die Motive des Vordergrunds zu einer ganz neuen Landschaft zusammen, einer Landschaft, in der sich Natur und Gesellschaft, Menschen und Nichtmenschen, Individuen und Kollektive uns nicht mehr als zwischen Substanzen, Verfahren und Repräsentationen verteilt zeigen, sondern als Ausdrucksformen instituierter Beziehungen zwischen vielfachen Entitäten, deren ontologischer Status und deren Handlungsfähigkeit je nach den Positionen variieren, die sie zueinander einnehmen.

Denn die Stabilisierung der Welt in den Denk- und Handlungsrahmen unserer Praktik – das, was man die »Weltung« nennen könnte[75] – gründet in erster Linie auf unserer Fähigkeit, Eigenschaften an den Existierenden zu erkennen und infolgedessen auf die Verbindungen zu schließen, die letztere eingehen können, sowie auf die Handlungen, zu denen sie fähig sind. Es hat also wenig Sinn, den vielfältigen und relativen Welten, die sich jeder von uns in der subjektiven Erfahrung des Alltags erschafft, eine einzige und wahre, aus allen potenziell erkennbaren Objekten und Phänomenen bestehende Welt entgegenzusetzen, wie die modernistische Epistemologie es tut. Wahrscheinlicher ist die Annahme, dass sich das, was außerhalb unseres Körpers und an seiner Schnittstelle existiert, in Gestalt eines endlichen Ganzen von Eigenschaften und Beziehungen zeigt, die sich von den Menschen je nach den Umständen und je nach den sie leitenden ontologischen Optionen aktualisieren lassen oder nicht, und nicht als vollständige und autonome Totalität, bereit, gemäß den diversen Standpunkten repräsentiert und erklärt zu werden. Weder platonische Prototypen, die sich durch unsere Fähigkeiten mehr oder weniger vollständig einfangen ließen, noch reine soziale Konstruktionen, die einem Rohmaterial Sinn und Form geben würden, sind die materiellen und immateriellen Gegenstände unserer Umgebung lediglich Bündel von Eigenschaften, von denen einige bekannt, andere unbekannt sind.[76] Die vielfältigen Formen der »Weltung« und die Garantie, sie wissenschaftlich untersuchen zu können, rühre nun daher, dass die differenzielle Aktualisierung der Eigenschaften und Beziehungen nicht zufällig geschieht, sondern von elementaren Schlussfolgerungen geleitet wird, im Hinblick auf Eigenschaften, die den Objekten – Menschen wie Nichtmenschen, realen wie imaginären – zugeschrieben werden, und im Hinblick auf die Arten von Verbindungen, die diese Eigenschaften vereinen. Ein moderater Empirismus, der auf einem derartigen Prinzip gründet, reicht aus, die Möglichkeit der anthropologischen Arbeit zu gewährleisten, nämlich mit der größtmöglichen kulturellen Neutralität zu beschreiben und zu systematisieren, auf welch unterschiedliche Art und Weise ein wenig sonderbare Organismen die Welt bewohnen, indem sie diese oder jene Eigenschaft für ihren Gebrauch identifizieren und dazu beitragen, sie zu verändern, indem sie mit ihr und untereinander konstante oder gelegentliche, jedoch nicht unbegrenzte Beziehungen knüpfen.

SCHLUSSFOLGERUNG

Man braucht kein Experte zu sein, zum vorauszusagen, dass die Frage des Verhältnisses der Menschen zur Natur höchstwahrscheinlich die entscheidendste dieses Jahrhunderts sein wird. Man braucht sich nur umzusehen, um sich davon zu überzeugen: Die klimatischen Umwälzungen, der Rückgang der Artenvielfalt, die Vermehrung gentechnisch veränderter Organismen, das Versiegen der fossilen Energieträger, die Verschmutzung der empfindlichen Naturräume und der Megastädte, das sich beschleunigende Verschwinden der Tropenwälder, dies alles ist auf dem ganzen Planeten ein Thema öffentlicher Debatten geworden und schürt täglich die Ängste seiner Bewohner. Gleichzeitig ist es schwierig geworden, weiterhin zu glauben, dass die Natur ein vom sozialen Leben völlig getrennter Bereich ist, je nach den Umständen hypostasiert als Nährmutter, als nachtragende Rabenmutter oder als zu entschleiernde geheimnisvolle Schöne, ein Bereich, den die Menschen zu verstehen und zu kontrollieren suchten und dessen Launen sie zuweilen ausgesetzt seien, der jedoch ein Feld autonomer Regelmäßigkeiten bilde, in dem Werte, Konventionen und Ideologien keinen Platz hätten. Dieses Bild gilt heute nicht mehr: Wo hört die Natur auf, wo fängt die Kultur an bei der Klimaerwärmung, bei der Verringerung der Ozonschicht, bei der Herstellung spezialisierter Zellen aus omnipotenten Zellen? Man sieht, dass die Frage keinen Sinn mehr hat. Vor allem erschüttert dieser neue Tatbestand, ganz abgesehen von den vielen ethischen Problemen, die er aufwirft, alte Auffassungen von der menschlichen Person und ihren

Bestandteilen wie auch von der Beschaffenheit der individuellen und kollektiven Identität; zumindest in der westlichen Welt, wo wir uns, anders als es anderswo der Fall ist, angewöhnt haben, das Natürliche im Menschen und seiner Umwelt sehr klar vom Künstlichen darin zu unterscheiden. Auf anderen Kontinenten, beispielsweise in China und in Japan, dort, wo die Idee einer Natur unbekannt ist und wo der menschliche Körper nicht als Zeichen der Seele und Nachbildung eines transzendenten Modells – einst als göttliche Schöpfung, heute als Genotyp – aufgefasst wird, stellt sich dieses Problem nicht.

Vor allem in Europa erzeugt daher die Entwicklung der Biotechnologien Ängste, Zeugnis des Unbehagens, das die tiefe Infragestellung der Vorstellungen und Normen hervorruft, die hier das Verhältnis zur Natur organisieren. Anderswo sind es eher die Veränderungen des Klimas und der Milieus, die die Lebensgewohnheiten und Denkweisen infrage stellen. Doch ob diese Ängste nun begründet oder phantasmatisch sind, sie lassen sich selten durch die Erklärungen der Wissenschaftler beschwichtigen; zunächst weil diese Erklärungen nicht allen zugänglich sind, aber auch und vor allem, weil das Verhalten der Bürger der Welt in Bezug auf diese Fragen von diversifizierten kulturellen Substraten herrühren, deren Entstehung und Entwicklung im Vergleich zu den Errungenschaften der Wissenschaften sogar in den großen Industrienationen relativ unabhängig sind. Und die Anthropologie hat begonnen, ebendiese Art von Substrat zu untersuchen, nicht um nach einer Antwort auf »gesellschaftliche Fragen« (die Akzeptabilität dieser oder jener biologischen Technik, dieser oder jener Art, den Treibhauseffekt zu bekämpfen) zu suchen, sondern weil es mittlerweile unerlässlich geworden ist, im Westen über die Auswirkungen der Zersetzung des Natürlichen nachzudenken und dieses Problem in einen allgemeineren Rahmen zu rücken, wo die verschiedenen Konzeptionen der biologischen Dimension des Menschen und des Verhältnisses zur physischen Umwelt untersucht werden, die im Laufe der Geschichte hier und dort entwickelt worden sind.

Obgleich ein solches Unternehmen gewichtige Vorläufer hat, ist es bis jetzt im Stadium des Entwurfs geblieben, zunächst aufgrund der disziplinären Abschottungen und der Spezialisierung der Kompetenzen. So haben sich die bemerkenswerten Arbeiten der Historiker, die die Evolution der Sensibilität gegenüber den Pflanzen und Tieren schildern oder die Veränderung des Klimas und der Landschaften beschreiben, im Wesentlichen mit der westlichen Welt und ihren kolonialen Projektionen beschäftigt. Gerade aufgrund des Charakters ihres Gegenstands haben auch die Philosophie und die Epistemologie ihre Aufmerksamkeit ausschließlich auf das europäische Denken gerichtet, wenn es darum ging, die sukzessiven Veränderungen der Idee der Natur und die wissenschaftlichen Entdeckungen zu verstehen, die diese Veränderungen ermöglicht hatten. Ebenfalls nur auf das heutige Abendland und seine politischen und ökonomischen Zuckungen verweisen zahlreiche ausgezeichnete soziologische Studien über die Ideologie und die Praktiken der Naturschutzbewegungen, über die gegensätzliche Wahrnehmung der Umwelt bei den Landbewohnern und den Städtern oder über die subjektive Einschätzung der ökologischen und biotechnologischen Risiken. Dagegen verstand es die Humangeografie, ihren Blick und ihre Methoden auf andere Breitengrade zu richten und dort mit großem Scharfsinn die Auswirkung der natürlichen Bedingungen auf die menschlichen Tätigkeiten zu analysieren. So haben die monografischen Studien, die sich mit dem Verhältnis des Menschen zur Natur im subtropischen Gürtel befassen, im Lauf der letzten Jahrzehnte zugenommen und eine reiche Ernte an Informationen über die Art und

Weise eingebracht, wie die Gesellschaften entsprechend den lokalen physischen Zwängen ihr Milieu formen. Doch wegen des diesen Studien zugrunde gelegten Analysemaßstabs wurde hier zuweilen die Empfehlung von Pierre Gourou vernachlässigt, nicht allein das ökologische Milieu zu untersuchen, sondern auch die Vorstellung, die die Menschen sich von ihm machen. Daher wendet man sich lieber an die Ethnologie, wenn man nach besonderen Informationen über das Volkswissen, die Klassifizierungssysteme, die Glaubensvorstellungen und die Techniken sucht, mit deren Hilfe in ganz verschiedenen Regionen des Globus die Interaktionen zwischen den Gesellschaften und ihrer Umwelt vermittelt werden.

Die Anthropologie, verstanden als allgemeine Kenntnis des sozialen Lebens in der Vielfalt seiner kulturellen Ausdrucksformen, befindet sich in einer besonders günstigen Lage für den Versuch, die Fäden dieser verschiedenen Ansätze zu verknüpfen. Erstens weil sie die philosophische Problematik des Verhältnisses der Natur zur Kultur gewissermaßen geerbt hat, als ihr in der zweiten Hälfte des 19. Jahrhunderts die Aufgabe übertragen wurde, die immer zahlreicheren Informationen zu verstehen und zu erklären, die von der sonderbaren Art und Weise berichteten, wie Völker, die in den Bannkreis des europäischen Kolonialismus gerieten, ihr Verhältnis zu den Pflanzen und Tieren auffassten, diese oder jene Art als Verwandten behandelten, einer anderen den Status eines Ahnen oder einer Gottheit verliehen. Daraus ergaben sich die großen Debatten über den Animismus oder den »ursprünglichen Totemismus«, in denen die Begründer der Disziplin den entweder kognitiven oder gesellschaftlichen Ursprung intellektueller Konstruktionen zu finden hofften, die, da sie die Unterschiede zwischen Menschen und Nichtmenschen vernachlässigten, den Ansprüchen der Vernunft zuwiderzulaufen schienen. Doch das Interesse, das die Anthropologie der Frage der Schnittstelle zwischen dem Biologischen, dem Kulturellen und dem Gesellschaftlichen entgegenbringt, geht weit über die zufälligen Umstände ihres Entstehens hinaus, denn alle empirischen Gegenstände, die die Anthropologen an den Antipoden oder ganz in ihrer Nähe untersuchen – die Verwandtschafts-, Heirats- und Filiationssysteme, die Auffassungen von der Person und vom Körper, die Kenntnisse und den Gebrauch der Umwelt, den Umgang mit körperlichen und seelischen Schmerzen –, dies alles liegt gerade an der Schnittstelle zwischen biologischen und kognitiven Gegebenheiten, den Eigenschaften der physischen Gegenstände und den individuellen wie kollektiven Schemata, in denen sie sich ausdrücken und verändern.

Damit die Anthropologie jedoch in der Lage ist, diese Aufgabe zu erfüllen, muss sie auf jenen Pas de deux zwischen schaffender Natur und geschaffener Natur verzichten, von dem einige Figuren auf den vorstehenden Seiten dargestellt wurden. Gewiss ist die Natur uns nur durch die sie objektivierenden Dispositive kultureller Kodierung zugänglich: ästhetische Formen, wissenschaftliche Paradigmen, technische Vermittlungen, Klassifizierungssysteme, religiöse Vorstellungen. Gewiss erfasst der Anthropologe die Naturerscheinungen nur anhand eines Kaleidoskops von Praktiken und Repräsentationen, die diese oder jene körperliche Eigenschaft, diese oder jene Art, auf die Materie einzuwirken, diese oder jene Analogie- oder Kontrastbeziehung hervorheben, isolieren oder verdunkeln. Das Studium der Verwendungen und Repräsentationen des Körpers und der Umwelt kann also kein Selbstzweck sein, sondern ist vielmehr ein bevorzugtes Mittel, zum Verständnis aller Arten von Strukturen zu gelangen, die die Beziehungen zur Welt und zu anderen organisieren. Doch das Misstrauen, das die Anthropologen gegen Theorien hegen, die eine Beziehung direkter Determination des Genoms oder des Ökosystems auf die sozialen Institutionen postulieren, darf sie dennoch nicht empfänglicher für Herangehensweisen machen, die in der Kultur eine Ordnung absolut spezifischer Realitäten sehen. Erstere ziehen irrige Schlüsse aus der evolutionären Kontinuität der Organismen, weil sie die typisch sozialen Differenzierungsprozesse vernachlässigen, aus denen sich die Vielfalt der menschlichen Lebensweisen ergibt, während letztere diese Kontinuität lieber ignorieren und nur die symbolischen Dimensionen des sozialen Lebens in Betracht ziehen, was zur Folge hat, dass dieses ewig rätselhaft bleibt und wenig geeignet, in seinen verschiedenen Äußerungen verglichen zu werden. Es ist an der Zeit, dass die Anthropologie die unsinnige Suche nach den ersten Antriebskräften aufgibt und hört, was die Wissenschaften zu sagen haben, die wie sie selbst zum Wissen über die Natur des Menschen beitragen. Die Forschungen der Neurobiologen über die Mechanismen der Wahrnehmung, der Entwicklungspsychologen über die Entstehung der ontologischen Kategorien, der Primatologen und der Prähistoriker über die Schemata des technischen Handelns oder der Naturforscher über die Evolution der Biozönosen sind lauter wertvolle Informationen, die es ermöglichen, die diversen Arten der Wahrnehmung der Nichtmenschen und die Interaktion mit ihnen mit anderen Augen zu betrachten.

Kurz, die Kritik des Gegensatzes zwischen Natur und Kultur, mit der ich mich befasse, setzt eine umfangreiche Überarbeitung der begrifflichen Werkzeuge voraus, die verwendet werden, um die Beziehungen zwischen natürlichen Gegenständen und sozialen Wesen zu denken. Denn es reicht nicht aus, aufzuzeigen, dass ein solcher Gegensatz für zahlreiche vormoderne Gesellschaften nicht existiert oder dass er in der Entwicklung des abendländischen Denkens erst spät in Erscheinung tritt. Man muss ihn in ein neues analytisches Feld integrieren, in dem der moderne Naturalismus, weit davon entfernt, das Richtmaß zu sein, das es erlaubt, zeitlich oder räumlich entfernte Kulturen zu beurteilen, lediglich eine der möglichen Ausdrucksformen allgemeinerer Schemata ist, die die Objektivierung der Welt und der anderen steuern. Doch mit der Existenz einer Vielzahl von »assoziierten Körpern«, um eine Formulierung von Merleau-Ponty aufzugreifen[77], haben sich die Menschen bemüht, die Beziehungen, die sie zu diesen Entitäten unterhalten, nach gesellschaftlichen Formeln zu organisieren, die man sich in begrenzter Zahl denken kann. Zunächst geht es um eine Wahl im Hinblick auf den Verlauf der ontologischen Grenzen und folglich die Struktur der Kosmologien: Kontinuitäten zwischen Menschen und Nichtmenschen, die nach einem System identischer Geselligkeit behandelt werden, analoge Übertragung der Eigenschaften der natürlichen Gegenstände auf die sozialen Taxonomien, Entsprechung oder Fernwirkung zwischen Elementen des Makrokosmos und Elementen des Mikrokosmos, Trennung zwischen der Sphäre des Menschen und dem Rest der Welt usw. Sodann geht es um Wertesysteme, die die praktischen Beziehungen zu anderen, Menschen wie Nichtmenschen, lenken und die, wenn sie lokal eine beherrschende Stellung erlangen, einer Gesellschaft ihren distinktiven Stil verleihen: die Forderung nach Gegenseitigkeit, die räuberische Aneignung, die uneigennützige Gabe, der Schutz, die Produktion usw. Schließlich geht es um Klassifizierungsdispositive, mittels deren die Elemente der Welt auf mehr oder weniger ausgedehnte Nomenklaturen verteilt werden. Man kann die Vermutung anstellen, dass alle Schemata, über die die Menschheit verfügt, um ihre Beziehungen zur Welt und zu anderen zu definieren, in Form geistiger Strukturen existieren, die zum Teil angeboren, zum Teil aus den Eigenschaften des sozialen Lebens selbst hervorgegangen sind. Doch diese Strukturen sind nicht alle miteinander vereinbar, und jedes Kultursystem, jeder Typus sozialer Organisation ist das Ergebnis einer Auswahl und einer Kombination, die sich, da kontingent, mit vergleichbaren Ergebnissen in der Geschichte häufig wiederholt haben. Die Natur dieser Elemente zu spezifizieren, die Regeln ihrer Zusammensetzung zu erhellen und eine Typologie ihrer Anordnung aufzustellen, dies sollte sich die Anthropologie vorrangig zur Aufgabe machen.[78]

DISKUSSION

Frage: *In Ihrer Kritik des Dualismus haben Sie zwar gezeigt, dass das moderne Denken einer Natur, deren Gesetze universell sind, Kulturen gegenüberstellt, die in ihrer Vielfalt in den Bereich der Vereinbarungen zwischen Menschen fallen, aber Sie haben kaum das Verhältnis dieser Weltauffassung zur Zeitlichkeit angesprochen. Mit scheint nämlich, dass für das moderne Denken die Gesetze der Natur invariant sind, und dass, wenn die Natur eine Geschichte hat, diese die der langen Dauer der Evolution ist (oder aber die der Veränderungen, denen die menschlichen Gesellschaften sie unterziehen). Ich wüsste gern, ob dem so ist und wie die Beziehungen der nichtmodernen Gesellschaften zur Zeitlichkeit aussehen.*

Philippe Descola: Eine umfassende Frage. Die verlangt, dass ich zuvor ein Thema darlege, das ich in meinem Vortrag nicht angeschnitten habe. Vor zwei Jahren habe ich ein Buch veröffentlicht (*Par-delà nature et culture – Jenseits von Natur und Kultur*), in dem ich die Hypothese aufstelle, dass die Menschen Kontinuitäten und Diskontinuitäten zwischen Menschen und Nichtmenschen entdecken, auf der Grundlage eines Gegensatzes zwischen dem, was sie als zur Interiorität gehörig wahrnehmen (sagen wir die affektiven und mentalen Zustände), und dem, was zur Physikalität gehört (sagen wir die Körper und die materiellen Prozesse). Zum Beispiel hat sich seit dem 17. Jahrhundert in Europa die Auffassung durchgesetzt, dass allein die Menschen eine distinktive Interiorität besitzen, dass sie jedoch auf physischer Ebene keine Ausnahme von den anderen Organismen bilden, was der Darwinismus in einer phylogenetischen Perspektive bestätigt hat. Ich nannte dies Naturalismus, eine völlig singuläre Ontologie, die sich durch die Diskontinuität der Interioritäten zwischen Menschen und Nichtmenschen und die Kontinuität der Physikalitäten definiert, anders gesagt eine Kombination von moralischem Partikularismus und physischem Gradualismus. Es ist eine singuläre Ontologie, denn anderswo in der Welt und vorher auch in Europa wurden ganz andere, im Übrigen ebenso plausible Kontinuitäten und Diskontinuitäten zwischen Menschen und Nichtmenschen ausfindig gemacht. So herrscht dort, wo ich meine ersten Erfahrungen als Ethnologe sammelte, in Amazonien, eine Ontologie vor, die ich als animistisch bezeichnet habe und die man auch bei den autochthonen Populationen des subarktischen Amerikas, in Sibirien oder in Teilen Südostasiens findet. Ihre Prämissen sind denen der naturalistischen Ontologie genau entgegengesetzt: Die meisten Nichtmenschen besitzen in der dortigen Wahrnehmung eine ähnliche Interiorität wie die Menschen (eine Seele, eine Subjektivität, eine Intentionalität), doch alle Arten von Existierenden, darunter die verschiedenen Menschenarten, unterscheiden sich voneinander durch Körper *sui generis*, die sich daher mit ihren spezifischen Organen auf besondere, ihrer Art entsprechende Welten öffnen. Der Relativismus befindet sich hier auf Seiten dessen, was wir die Natur nennen (physische Anlagen, die jede Art an eine Welt »anschließen«, die ihm eigentümlich ist), während der Universalismus auf Seiten der Kultur steht (denn aufgrund einer ähnlichen Interiorität haben alle Existierenden ein soziales und kulturelles Leben derselben Art wie das der Menschen).

Das ist nicht alles. Noch zwei weitere ontologische Formeln sind möglich. In der ersten werden Menschen und verschiedene Arten von Nichtmenschen zu einer benannten Klasse zusammengefasst, weil sie aus einem gemeinsamen Prototyp hervorgegangen sind, dessen physische und moralische Eigenschaften sie teilen. Dies ist der Totemismus, wie er vor allem in Australien beschrieben wurde. Bei den Aborigines erzählen ätiologische Berichte, dass bei der Entstehung der Welt, in der »Traumzeit«, an präzisen Stätten hybride Wesen aus der Erde kamen, im Laufe ihrer Wanderungen auf der Oberfläche der Erde viele Abenteuer erlebten und dann in den Eingeweiden der Erde versanken; die Handlungen, die sie vollzogen, bestanden darin, die physische Umwelt zu formen, entweder weil sie sich in ein Element der Bodengestalt verwandelten oder weil eine Spur ihrer Gegenwart in der Landschaft bestehen blieb, sodass die charakteristischen Züge des Milieus bis heute von diesen Peripetien zeugen. Bevor sie verschwanden, hinterließen diese außergewöhnlichen Wesen auch Depots von Samen der Individuation, in der ethnografischen Literatur »Kinderseelen« genannt, die sich seitdem in den Menschen und den Nichtmenschen verkörpern und die totemistischen Klassen bilden, die jeweils aus einem Wesen der Traumzeit hervorgegangen sind und seinen Namen tragen. Aus diesem Grunde aktualisieren sich die von dem Prototyp geerbten Eigenschaften in jeder Generation in Menschen, Tieren und Pflanzen, die ungeachtet ihres ungleichen Aussehens ebenso viele identische Manifestationen der Gruppe grundlegender Eigenschaften bilden, mit deren Hilfe ihre gemeinsame Identität bekräftigt wird.

Die letzte ontologische Formel, die ich Analogismus nannte, beruht auf der Anerkennung einer allgemeinen Diskontinuität der Interioritäten und Physikalitäten, die zu einer mit lauter Singularitäten bevölkerten Welt führt, einer Welt, die aufgrund der Fülle an Unterschieden, aus denen sie besteht, schwer zu bewohnen und zu denken wäre, wenn man sich nicht bemühte, zwischen den Existierenden wie zwischen ihren Bestandteilen Netze von Entsprechungen zu finden, die es ermöglichen, sie zu verbinden. Denn die einfache Beobachtung dessen, was uns umgibt, zeigt, dass die Welt aus unendlich vielen Unterschieden besteht und dass keines der Lebewesen und Dinge, keine der Situationen, Zustände, Eigenschaften und Vorgänge, die sich unserer Wissbegier darbieten, den anderen absolut gleich ist. Die analogische Ontologie stützt sich auf diese wiederholte Erfahrung der Singularität der Existierenden und versucht, das Gefühl der Unordnung, das aus dem Wuchern des Diversen resultiert, mithilfe eines obsessiven Gebrauchs der Entsprechungen zu zerstreuen. Zwar ist jedes Ding etwas Besonderes, aber in jedem Ding lässt sich eine Eigenschaft finden, die es mit einem anderen verbindet, und dieses andere hat wieder eine andere Eigenschaft, so dass ganze Teile der Welterfahrung auf diese Weise durch die Kette der Analogie miteinander verwoben sind. Ein Nahrungsmittel, ein Körperteil, eine Jahreszeit, eine Farbe, ein Tier, alle unterschieden und alle singulär, werden nichtsdestoweniger vereint, weil man sie mit dem Warmen oder dem Kalten, dem Trockenen oder dem Feuchten, dem Tag oder der Nacht, dem Männlichen oder dem Weiblichen verbinden kann. Gute Beispiele für analogische Ontologien findet man im Orient (China, Indien), in den indianischen Gesellschaften der Anden und Mexikos, in Westafrika oder in unserer eigenen Vergangenheit, von der Antike bis zur Renaissance.

Nach dieser langen Vorrede bin ich nun in der Lage, Ihre Frage zu beantworten. In der Tat hat jedes dieser vier Systeme meiner Meinung nach eine ihm eigene Zeitlichkeit. Im Allgemeinen pflegt man in groben Zügen zwei Typen von Konzeptualisierung der Dauer einander entgegenzusetzen. Die unsere, die durch das Bild des Zeitpfeils charakterisiert ist, das heißt eine gerichtete, kumulative, irreversible Zeit, in der die Veränderung als etwas betrachtet wird, was in Form eines linearen Fortschreitens erfolgt; kurz, die Zeit der historischen Erfahrung, in der die Vergangenheit dazu beiträgt, die Gegenwart begreifbar zu machen, und Versprechen für die Zukunft enthält. Das andere System gründet auf der von dem Religionswissenschaftler Mircea Éliade popularisierten Idee der ewigen Wiederkehr; es ist eine zyklische Konzeption der Zeit mit einer Wiederholung derselben Ereignisse nach Ablauf einer bestimmte Periode, wobei jeder Zyklus im Allgemeinen mit einer großen Umwälzung, ja sogar einer Katastrophe endet. Dieses zyklische Modell der Zeit existiert zwar, ist jedoch nicht in allen nichtabendländischen Zeitlichkeitssystemen die Norm, wie man oft meint; charakteristisch ist es nur für einige von ihnen, diejenigen, die ich als einer analogischen Ontologie zugehörig definiert habe. In der andinen Kosmologie zum Beispiel bezeichnet der Terminus *quechua pachacuti* die periodische Umkehrung des Kosmos um seine Achse sowie den Beginn eines neues Zyklus. Auch die Prophezeiung, das heißt die Vorstellung, dass ein Individuum durch sein Handeln und sein Wort einen Zyklus beenden und die Heraufkunft eines neuen ermöglichen kann, ist für diese analogische Zeitlichkeit charakteristisch.

Doch die Zeitlichkeit der animistischen oder der totemistischen Ontologie unterscheidet sich vollständig sowohl von der dem Naturalismus eigentümlichen orientierten Zeit wie auch von der zyklischen Zeit, die für den Analogismus typisch ist. Im ersten Fall ist es, besonders deutlich in Amazonien, die stark zusammengepresste, flachgedrückte Zeit ohne Relief und ohne Tiefe. Die mythischen Ereignisse, die den derzeitigen Zustand der Welt hervorgebracht haben, haben allerhöchstens vor ein paar Generationen stattgefunden, und ihre Protagonisten sind immer noch gegenwärtig.

Im Übrigen ist das genealogische Gedächtnis schwach, und es kommt vor, dass man den Namen seiner Großeltern vergessen hat, denn jede Generation wird in gewisser Weise in einer jungfräulichen Welt geboren, selbst wenn sie hier genau dieselben Dinge tut wie die vorhergehenden Generationen, an die sich niemand mehr erinnert. Kurz, es ist eine Zeitlichkeit des Augenblicklichen ohne das Gewicht der Geschichte und des Gedenkens an die Ahnen. Was den Totemismus betrifft, zumindest in Australien, so herrscht hier eine Mischung aus ewiger Gegenwart und in den Augenblick verlängerter Vergangenheit: Die Prototypen am Ursprung der Existierenden und der Unterteilungen der Welt sind noch immer da, noch immer lebenskräftig, und setzen ihr Werk der Zeugung und des Ordnens fort. Die »Traumzeit« ist zwar abgeschlossen, aber ihre Auswirkungen sind noch immer in der Gegenwart zu beobachten.

Frage: *Im Anschluss an die Frage meines Kollegen bitte ich Sie zu präzisieren, welche Beziehungen in den verschiedenen Ontologien zwischen den Menschen und den Veränderungen ihrer Umwelt bestehen. Denn die Welt ändert sich, sowohl für die Modernen wie für die Nichtmodernen. Die Gesellschaften sind immer weniger voneinander isoliert, und sie sind immer stärker mit den oft sehr erheblichen Veränderungen ihres Lebensraums konfrontiert.*

Philippe Descola: Man misst die Veränderungen der Welt, besonders die Veränderungen der Umwelt, in den verschiedenen Ontologien nicht mit denselben Werkzeugen oder denselben Eichmaßen. Genauer gesagt: Da die historische Zeitlichkeit unter der Ägide des Naturalismus erfunden wurde und da im Rahmen dieser Ontologie eine beispiellose Entwicklung der Techniken eine fast vollständige Anthropisierung des Planeten ermöglichte, beurteilen wir die Veränderung nach naturalistischen Kriterien. Sie äußert sich, kurz gesagt, in unseren Augen in einer immer größeren Kontrolle der Natur durch den Menschen, also in einer wachsenden Artifizialisierung der Ökosysteme und der Organismen. Doch das ist nicht zwangsläufig überall der Fall. So sind in Australien die Aborigines seit über 50 000 Jahren präsent, und ihre Anwesenheit hat immer wieder dieselbe Art von Spuren in der Landschaft hinterlassen, auch wenn beispielsweise die Buschfeuer, die sie seit Jahrtausenden für die Jagd entzündeten, dazu beigetragen haben, die Pflanzendecke zu modifizieren. Die Aborigines haben sich in diesem langen Zeitraum zwar nicht weniger verändert, jedoch gemäß Modalitäten und Rhythmen, die wir kaum erahnen können, da schriftliche Spuren dieser Veränderungen fehlen. Ihre verwandelnde Imagination bezog sich weniger auf die physischen Modifikationen der Umwelt als auf die Vervollkommnung äußerst abstrakter und komplexer Kosmologiemodelle oder Verwandtschaftssysteme.

Um auf den Westen zurückzukommen: Die Veränderungen, die wir an den Ökosystemen vorgenommen haben, sind im Laufe des letzten Jahrhunderts aufgrund ihres Ausmaßes und der Globalisierung des Austauschs höchst sichtbar geworden, was zu der trügerischen Vorstellung verleitete, die Milieus seien vorher als stabil und zeitlos wahrgenommen worden. Natürlich ist dem nicht so. Die seit etwa dreißig Jahren geleisteten bemerkenswerten Arbeiten der historischen Ökologie haben gezeigt, in welchem Maße die Umwelten, die uns wild vorkommen, in Wirklichkeit das Ergebnis menschlichen Handelns sind, sei es nun beabsichtigt oder nicht. Dies ist der Fall in Amazonien, wo die pflanzliche Zusammensetzung das Resultat jahrtausendelanger menschlicher Tätigkeit ist; es ist der Fall in Westafrika, wo sich »heilige Haine«, die die Kolonialisten für Restwälder hielten, karge Überbleibsel einer anarchischen Abholzung, in Wirklichkeit als angepflanzte Wälder entpuppten; und wie wir sahen, ist es sogar in Australien mit den Buschfeuern der Fall. Doch abgesehen von einigen wenig bekannten Fällen ökologischer Katastrophen in begrenzten Arealen werden diese graduellen Veränderungen von denen, die sie verursachen, nicht »auf naturalistische Weise« wahrgenommen, das heißt als Zähmung der wilden Natur, selbst wenn es sich um dauerhafte Gestaltungsarbeiten handelt, die die Physiognomie der Landschaften umwandeln wie die außergewöhnlichen Terrassenreisfelder der Ifugao auf den Philippinen. Diese Veränderungen werden vielmehr als das Zusammenwirken in einem Bereich der Interaktion zwischen den Menschen und ganz verschiedenen Arten von Nichtmenschen gesehen: wilden und Kulturpflanzen, Geistern, Tieren, Gottheiten usw.

Der abendländische Naturalismus dagegen hat die Natur, vor allem weil er zwischen der Welt der Menschen und der der Nichtmenschen eine Trennung einführt, als Experimentierfeld und unerschöpfliche Lagerstätte von Ressourcen behandelt, mit den bekannten Folgen. Der Kolonialismus hat diese Auffassung und diesen Gebrauch der Natur in alle Weltgegenden transportiert, und so konnten ab der zweiten Hälfte des 19. Jahrhunderts nichtmoderne Populationen sehen, wie sich ihr Milieu infolge des Imports unserer Natur in die ihre zuweilen drastisch veränderte: Aus den Tropenwäldern, deren Biomasse auf armen Böden Wanderrodungen möglich machte, sind Lagerstätten von Nutzholz geworden; aus den Savannen, die den Nomadenhirten als Weideplätze dienten, sind Wildreservate, dann Naturschutzgebiete geworden; aus den offenen Ebenen, die der Jagd dienten, sind riesige Gehege für extensive Viehzucht geworden. Umwälzungen dieser Art hatten die unmittelbarsten Auswirkungen auf die nichtindustriellen Gesellschaften, ohne dass sich im Westen irgendjemand erregte. Was aber würden wir sagen, wenn es den australischen Aborigines morgen einfiele, die Getreidefelder der Beauce abzubrennen, um dort bequemer jagen zu können, oder wenn sich die Indianer Amazoniens in unseren gemäßigten Wäldern niederließen, um hier Brandrodungsgartenbau zu betreiben!

Frage: *Wenn man feststellt (ich bin Genetiker), dass wissenschaftliche Auffassungen (wie die Vorstellung, dass es ein in das Genom eingeschriebenes Programm gibt), die man für gültig hielt, vor einigen Jahren von den aktuellen Forschungen infrage gestellt wurden oder dass Gegenstände, die man für wohldefiniert hielt (wie die Arten), überprüft werden müssen, dann wird einem bewusst, dass in den Wissenschaften ein gewisser Relativismus besteht und dass die Wissenschaften nicht linear voranschreiten. Gleichzeitig stellt der Relativismus für die Forscher, deren Aufgabe und Motivation das Streben nach dem Universellen ist, eine gewisse Gefahr dar. Sie haben darauf hingewiesen, dass Sie in keiner Weise gegen die Wissenschaft sind. Deshalb möchte ich gerne wissen, ob Sie Wissenschaftlern am Inra ein paar Hinweise geben könnten, wie sie vom Relativismus einen guten Gebrauch machen können und dennoch streng auf ihre Arbeit als Wissenschaftler ausgerichtet bleiben.*

Philippe Descola: Diese Frage habe ich am Ende meines Vortrags angeschnitten, aber ich will gern darauf zurückkommen. Wie ich sagte, ist der Gegensatz zwischen Universalismus und Relativismus ein von unserer Kosmologie abgeleitetes Ergebnis: Von dem Augenblick an, den wir auf das Ende des 19. Jahrhunderts datieren können, an dem man postuliert, dass es zwei Arten von Gegenständen gibt, die zwar nicht inhärent verschieden sind, aber auf zwei unterschiedliche Weisen, sie wahrzunehmen, definiert werden – die Verallgemeinerung, charakteristisch für die Naturwissenschaften, und die Partikularisierung, die den Kulturwissenschaften eignet –, kann der Konflikt beginnen. Aber die Welt ist ganz und gar nicht derart segmentiert. Sie besteht aus Prozessen, Entitäten, Phänomenen, die sich aus dem einen oder dem anderen Blickwinkel erfassen lassen, ohne dass einer der ausschließliche ist. Eine Pflanze lässt sich unter dem Blickwinkel ihrer genetischen Struktur analysieren oder ihrer molekularen Zusammensetzung oder dem der ökologischen Bedingungen ihrer Entwicklung, die relativ stabil sind und folglich einen hohen Grad an Allgemeinheit besitzen; sie kann auch unter dem Blickwinkel des Gebrauchs analysiert werden, den man von ihr macht, oder dem der Werte, mit denen sie assoziiert wird, die variabel, also relativ sind. Nicht der Gegenstand hat seinen Status verändert, sondern es werden die notwendigerweise unterschiedlichen Erkenntnissysteme, die man auf ihn anwendet, auf diese beiden großen epistemologischen Abstraktionen, den Universalismus und den Relativismus, bezogen, Abstraktionen, die zwangsläufig unvereinbar werden.

Wenn ich in dieser Frage in die Enge getrieben werde, kommt es vor, dass ich einen relativen Universalismus befürworte, nicht aus Liebe zu Wortspielen, sondern indem ich das Wort relativ im Sinne dessen verwende, was mit einer Beziehung [frz. *relation*] zu tun hat. Einen relativen Universalismus preisen heißt einräumen, dass die Menschen überall zwischen den Gegenständen ihrer Umgebung Beziehungen der Kontinuität und der Diskontinuität, der Ähnlichkeit und der Unähnlichkeit zu entdecken wissen, doch je nachdem, ob sie Genetiker oder Dromedarzüchter sind, sind es nicht notwendig dieselben Beziehungen, die sie in denselben Gegenständen erkennen, auch wenn einige von ihnen übereinstimmen mögen. Und dies ist deshalb möglich, weil die Menschen überall dieselben von ihrer

Phylogenese ererbten Erkenntniswerkzeuge verwenden: einen Körper, eine Intentionalität, eine Fähigkeit, distinktive Abweichungen und Ursache-Wirkung-Zusammenhänge wahrzunehmen, die Fähigkeit, mit anderen die vielfältigsten Beziehung zu knüpfen, usw. Diese Beziehungen, die wir zwischen den Lebewesen und den Dingen erkennen, sind nicht unbegrenzt, und das Ideal, das den Forschungen sowohl der Leute, die sich wie ich in ihren Arbeiten mit intentionalen Gegenständen beschäftigen, als auch derjenigen, die sich wie Sie mit den konstitutiven Elementen und Prozessen der Materie und des Lebens beschäftigten, zugrunde liegen könnte, ist der Ehrgeiz, eine durchdachte Systematik dieser Interaktionen auf allen Stufen zu erstellen, so wie sie auf der molekularen Ebene, in der Funktionsweise der lebenden Organismen und in den vielerlei Beziehungen zu beobachten sind, die das Leben der Kollektive beseelen.

Um auf den Gegensatz zwischen Universalismus und Relativismus zurückzukommen: Ich glaube, dass er letztlich eine Art epistemologischer Artefakt ist, ein abstraktes und ziemlich ungenaues Mittel, der Struktur der wissenschaftlichen Praktiken Rechnung zu tragen. Eines der überaus positiven Ergebnisse der neuen Wissenschaftssoziologie und Wissenschaftsgeschichte, die man auf Englisch einfacher *sciences studies* nennt, ist ja gerade, gezeigt zu haben, dass ein Abgrund zwischen dem liegt, was die Wissenschaftler in ihren Laboratorien oder im Feld tun und wovon sie in der Sprache und dem Begriffssystem ihrer jeweiligen Disziplin Rechenschaft ablegen, auf der einen Seite, und dem normativen Diskurs, dessen sie sich bedienen, wenn sie ihre Entdeckungsverfahren zu rationalisieren versuchen, auf der andern Seite. Lange Zeit hatte die Epistemologie gemeint, dieses offizielle Idiom spiegele die Realität der tagtäglichen wissenschaftlichen Tätigkeit wider, eine Illusion, der die Wissenschaftshistoriker ein Ende gesetzt haben. Im Gegensatz zur Wissenschaft im Allgemeinen, einer philosophischen Abstraktion, die die Epistemologen zu formalen Modellen aller Schönheit machen, hat jede besondere Wissenschaft, einschließlich der meinen, einen Bereich entwickelt, sowie Methoden und ein System zur Qualifizierung der von ihr untersuchten Phänomene, die sich jeweils in ständiger Evolution befinden und sich schwerlich auf jene anderen Abstraktionen, den Relativismus und den Universalismus, reduzieren lassen.

Frage: *Sie haben auf der Kritik des Dualismus Natur/Kultur des abendländischen Denkens insistiert. Dennoch scheinen Sie nicht jedem Dualismus abhold zu sein. Das dialektische Denken hat seine Verdienste, was Sie im Übrigen nicht bestreiten. Aber wenn ich mich nicht irre, gehen Sie selbst in Ihrem letzten Werk von der starken Hypothese aus, dass die Menschen universell ihre Welt dergestalt auffassen und konfigurieren, dass sie Interiorität und Exteriorität, Gefühle und Absichten einerseits, Prozesse und physische Verhaltensweisen andererseits unterscheiden. Wie denken Sie darüber?*

Philippe Descola: In der Tat haben Sie richtig verstanden, dass ich im Allgemeinen dualistischen Gegensätzen keineswegs abhold bin, was absurd wäre, denn alle Zivilisationen haben sie verwendet, um Eigenschaften der Welt einander gegenüberzustellen und ihnen eine strukturierende Funktion zu verleihen: Tag und Nacht, männlich und weiblich, hell und dunkel usw. Im Übrigen lautet eine der wichtigen Lektionen aus der strukturalen Anthropologie von Lévi-Strauss, die er selbst aus Sausssures Linguistik gezogen hatte, dass kein Phänomen für sich allein signifikant ist und es erst dann relevant wird, wenn es in ein Netz distinktiver

Gegensätze innerhalb einer Transformationsgruppe eingebunden ist. Was ich infrage stelle, ist also nicht die Form des dualistischen Gegensatzes, sondern die Universalität des Inhalts, die einigen von ihnen, wie dem zwischen Natur und Kultur, zugeschrieben wurde. Andere dagegen können, wie mir scheint, mit gutem Recht universell genannt werden. So gründe ich die differenzielle Wahrnehmung der Kontinuitäten und Diskontinuitäten auf ein Spiel von Kontrasten zwischen zwei Ebenen, die ich die Interiorität – das heißt das Bewusstsein, dass ich, ebenso wie die anderen Entitäten meiner Umwelt, von einem immateriellen inneren Fluss beseelt bin – und die Physikalität genannt habe – das heißt das Bewusstsein, dass ich, so wie die anderen Gegenstände meiner Umgebung, systematischen materiellen Zwängen unterliege. Eine Anschauung, die einst Husserl entwickelt hatte, als er sagte, ein abstraktes, transzendentales Subjekt, das sich tief in einer Welt befindet, von der es keine Vorkenntnis hat, verfüge nur über zwei Werkzeuge, um das Ich vom Nicht-Ich zu unterscheiden: seinen Körper und seine Intentionalität. Eine Schlussfolgerung, zu der auch die Entwicklungspsychologie gekommen ist, wenn sie zeigt, dass die Kinder schon im zartesten Alter die Welt als aus geistigen Zuständen und physischen Zwängen zusammengesetzt wahrnehmen. Der Gegensatz, den ich zwischen der Ebene der Interiorität und der Ebene der Physikalität feststelle, ist also kein heimlicher Versuch, dem kartesischen Dualismus von Geist und Körper wieder zu Ehren zu verhelfen, es ist im Gegenteil letzterer, der eine lokale Variante eines der ganzen Menschheit gemeinsamen Unterscheidungssystems darstellt.

Was den Dualismus von Natur und Kultur betrifft, so hat er für mich an sich nichts Skandalöses. Im Gegensatz zu den von der Phänomenologie beeinflussten Anthropologen, die diese Unterscheidung absolut ablehnen und darin die Quelle aller Übel der Menschheit sehen, halte ich den Gegensatz zwischen dem Sozialen und dem Natürlichen nur für eine Art von vielen anderen, in den Falten der Welt Diskontinuitäten zu erkennen, eine Art, die im Lauf der letzten Jahrhunderte in Europa erfunden wurde und die weder interessanter noch uninteressanter ist als andere, die sich anderswo oder in anderen Epochen verfestigt haben. Ich verlange lediglich, dass man sich des historischen und zufälligen Charakters dieser Ontologie bewusst wird, so dass man sie nicht als universelles Interpretationsraster auf alle Möglichkeiten projiziert, Menschen und Nichtmenschen zu verbinden, die andere Zivilisationen in ganz anderen kulturellen Gebäuden systematisiert haben. Einige der Auswirkungen der neuen Ontologie, die die Modernen entwickelt haben, des Naturalismus, sind im Übrigen von überaus großer Tragweite, besonders in der Organisation von Erkenntnissystemen. Gern zitiere ich folgenden Satz von Merleau-Ponty aus seiner Vorlesung über die Natur am Collège de France: »Nicht die Entwicklung der wissenschaftlichen Forschungen hat die Idee der Natur verändert, sondern die Idee der Natur hat die wissenschaftlichen Entdeckungen ermöglicht.« Damit meinte er, dass die mechanistische Revolution des 17. Jahrhunderts nicht nur das Resultat einer Summe von Geistesblitzen und technischen Errungenschaften ist, sondern die sichtbarste Folge eines ontologischen Umschwungs – oder einer Veränderung der *episteme*, um mit Foucault zu sprechen –, der zur Folge hatte, einen bestimmten Typus wissenschaftlicher Forschung zu ermöglichen, der auf einem Hin und Her zwischen Modellisierung und Experiment beruht.

Im Übrigen ist dies ein Punkt, in dem Bruno Latour und ich nicht einer Meinung sind. In seinem meisterhaften Buch *Wir sind nie modern gewesen* entwickelt Latour die überaus originelle Idee, dass, ungeachtet des offenkundigen Dualismus dessen, was ich die naturalistische Ontologie nenne, die wissenschaftliche und technische Tätigkeit seit dem 17. Jahrhundert nicht aufgehört habe, Mischungen aus Kultur und Natur innerhalb von Netzen mit immer komplexerer Architektur zu kreieren, in denen sich die Gegenstände und die Menschen, die materiellen Auswirkungen und die sozialen Konventionen in einer Situation der wechselseitigen »Übersetzung« befänden. Eine solches Wuchern von Hybriden sei selbst nur dank einer parallel geleisteten Arbeit der kritischen »Reinigung« möglich geworden, um die Trennung der Menschen und der Nichtmenschen in zwei völlig abgeschotteten ontologischen Regionen zu gewährleisten. Anders gesagt, die Modernen tun nicht, was sie sagen, und sagen nicht, was sie tun. So hat Latour zufolge die dualistische »Verfasstheit« bei der Organisation der Wissenschaften keine wirklich leitende Funktion und spielt nicht einmal die Rolle eines Auslösers; sie hat lediglich den Vorteil, die Produktion von Hybriden zu beschleunigen und effizienter zu machen, indem sie die Bedingungen verschleiert, unter denen sie sich vollzieht. Mir dagegen scheint, dass der Dualismus von Natur und Gesellschaft, worauf die Bemerkung von Merleau-Ponty hindeutet, bei der Organisation der Wissenssysteme eine strukturierende Funktion gespielt hat und weiterhin spielt.

Frage: *Sie haben vorhin China und seine analogische Auffassung erwähnt. Soweit ich mich erinnere, hat François Julien in einem Buch, in dem er versucht, uns unser eigenes Denken entdecken zu lassen, indem er es mit dem chinesischen Denken vergleicht, erklärt, dass das Wort »Natur« im Chinesischen nicht existiert. Es bedarf einer Umschreibung, um im Chinesischen all das zu wiederzugeben, was der Begriff »Natur« enthält. Doch obwohl sie die moderne, naturalistische Weltauffassung nicht übernommen haben,* *erweisen sie sich als fähig, in zahlreichen wissenschaftlichen Disziplinen, besonders in der Biologie, zu ernsthaften Konkurrenten zu werden. Und sie haben sich alle innovativen Techniken angeeignet. Heißt das, dass der wissenschaftliche Ansatz mit nichtmodernen Weltauffassungen vereinbar ist? Oder sind die Chinesen im Begriff, eine hybride Konzeption zwischen Analogismus und Naturalismus zu entwickeln?*

Philippe Descola: In der Tat hat François Julien gezeigt, dass es in der chinesischen Zivilisation kein exaktes Äquivalent für unseren Naturbegriff gibt, und Augustin Berque hat dasselbe für die japanische Zivilisation getan. Tatsächlich wird die Idee der Natur nur in den europäischen Sprachen ausgedrückt, deren begriffliches Vokabular sich aus dem Lateinischen (*natura*) und dem Griechischen (*physis*) speist; es ist ein »Unübersetzbares«. Abgesehen von diesem semantischen Erbe, das von den Griechen und der Neuformulierung des aristotelischen Denkens durch die mittelalterliche Scholastik zu uns gekommen ist, ist der eigentliche Naturalismus in seiner vollständigen Form erst im westlichen Europa wirklich in Erscheinung getreten, im Laufe eines sehr langen Entstehungsprozesses, der mit der visuellen Kultur der Renaissance beginnt und im 19. Jahrhundert endet. Doch es sieht so aus, als hätte diese singuläre Bewegung auch anderswo einzusetzen begonnen, stets in analogischen Kollektiven, dass sie aber außerhalb Europas nie bis zu Ende geführt wurde. Man kann zum Beispiel an die Atomisten der Antike denken. Die Lehre eines Demokrit ist von großer Radikalität: Indem sie jegliche Teleologie beseitigt, gesteht sie dem Menschen totale Autonomie zu in einer Natur ohne Seele und ohne Plan, die sich auf eine vom Prinzip der Notwendigkeit gelenkte Zusammensetzung von Atomen reduziert. Doch diese unerbittlich objektive Natur ist eine metaphysische Konstruktion, die Bedingung einer anspruchsvollen Moral, die den allein auf seine Ressourcen angewiesenen Menschen in einer ernüchterten Welt zurücklässt. Der antike Atomismus hat nicht zu einer wirklichen Physik geführt; es handelt sich eher um einen kompromisslosen Materialismus, eine Verantwortungsethik, deren praktische Umsetzung Weisen vorbehalten ist, die sich der Selbstbeherrschung verschreiben und nicht der Propagierung einer neuen Kosmologie. Dasselbe ließe sich vermutlich von bestimmten chinesischen Denkern sagen, besonders von Wang Chong, der im ersten Jahrhundert nach Christus lebte und mit Lukian und Voltaire verglichen wurde. Dieser nach Unabhängigkeit strebende, jedoch völlig marginal gebliebene Skeptiker ist ein Freidenker, der in ätzendem Ton den Abglauben seiner Zeitgenossen und die Ehrfurcht anprangert, die sie vor den von den Texten überlieferten Meinungen an den Tag legen. Marcel Granet sagt von ihm, er glaube weder an Götter noch an Geister, weder an Ungeheuer noch an Wunder. Vielleicht mehr noch als Demokrit zieht dieser bissige Zensor es vor, sich über die Illusionen und Täuschungen zu mokieren, statt eine kosmologische Reform anzustoßen, die zur Gründung einer Schule führen und es deshalb erfordern würde, sich das Wohlwollen der Mächtigen zu erwerben. Und auch wenn ich mich auf diesem Gebiet schlecht auskenne, lässt sich wohl schwerlich die Ansicht vermeiden, dass die arabische Philosophie und Wissenschaft zwischen dem 9. und dem 14. Jahrhundert die Voraussetzungen für einen Übergang zum Naturalismus vorbereitet haben, der letztlich ebenso aus politischen wie aus theologischen Gründen nie zu Ende geführt wurde. Kurz, auch wenn der Naturalismus in der Antike, im alten China und im mittelalterlichen Islam nur eine Möglichkeit geblieben ist, wäre seine Aktualisierung zumindest in diesen drei analogischen Konfigurationen nicht ganz abwegig gewesen, während man Mühe hat, in den animistischen und totemistischen Kollektiven, mit denen die Ethnografie uns bekannt gemacht hat, auch nur die geringsten Prämissen von ihm zu erkennen.

Wenn davon abgesehen modern sein heißt, naturalistisch zu werden, und wenn naturalistisch werden heißt, die für die wissenschaftliche Untersuchung gastfreundlichste Ontologie zu aktualisieren, so folgt daraus natürlich nicht, dass außerhalb eines naturalistischen Rahmens eine wissenschaftliche Tätigkeit unmöglich ist, sobald sich diese Tätigkeit in einer Gesamtheit kodifizierter Verfahren bereits konstituiert hat. Das Beispiel Chinas, Indiens, Japans oder Koreas zeigt es: Ihre Physiker, ihre Biologen, ihre Chemiker treiben die gleiche Art von Wissenschaft wie die in Harvard, Cambridge oder Orsay, doch die kosmologische Sphäre, in der sie sich bewegen, wenn sie Interferometer oder Elektronenmikroskope handhaben, ist in keiner Weise naturalistisch. In diesem Fall trifft Latours Formulierung genau zu: Sie sind wirklich nie modern gewesen. Sie hatten es nicht nötig, denn andere an ihrer Stelle sind im richtigen Moment modern gewesen, das heißt als eine Neugestaltung der Beziehungen zwischen Menschen und Nichtmenschen die Idee einer mechanischen Natur legitimierte, in der sich das Verhalten jedes Elements durch Gesetze innerhalb einer Totalität erklären ließ, betrachtet als die Summe der Teile und Interaktionen dieser Elemente, ein Verhalten, das das wissende Subjekt dank einem einfallsreichen Instrumentarium in aller Ruhe reproduzieren und abwandeln konnte. Die Architektur der neuen Kosmologie bedingte ihre Gebrauchsanweisung, aber diese erlangte schließlich so große Autonomie, dass sie mit Erfolg auch außerhalb des ontologischen Umfelds, für das sie ursprünglich bestimmt war, verwendet werden konnte. Sind also Verfahrenssysteme einmal zu Praktiken, zu einer Apparatur und zu metrologischen Dispositiven geronnen, kommen sie mühelos fast überall herum, da sie die Bedingungen ihrer operatorischen Effizienz in sich tragen; sodass sich Forscher in einer analogischen Kosmologie, zum Beispiel in China, wohlfühlen und gleichzeitig Aufsätze in *Nature* veröffentlichen können. Dennoch fehlt es uns noch schmerzlich an guten Ethnografien aus den Laboratorien der großen nichtwestlichen wissenschaftlichen Nationen, die uns diese Art von wissenschaftlicher Verschiebung und ihre Auswirkungen verstehen ließen. Deshalb weiß ich die ethnografische Monografie von Sophie Houdart über die Erforschung des Verhaltens einer mutierten Drosophila besonders zu schätzen, die von einem japanischen Laboratorium als »homosexuell« aufgefasst wird, sowie den Vergleich, den sie zu einem französischen Laboratorium zieht, das sich mit demselben Thema beschäftigt. Ihrer Arbeit kommt das große Verdienst zu, dass sie jeden Kulturalismus vermeidet – die Biologen kämen zu diesem oder jenem Schluss, weil sie Japaner oder Franzosen seien – und vielmehr mit großem Scharfsinn zeigt, wie vor dem Hintergrund einer ungefähr identischen Apparatur und Bezeichnung der Phänomene die hervorstechenden Tatsachen unterschiedlich wahrgenommen und eingesetzt werden. Und so sieht man, auf welche Weise Verfahrenssysteme affiziert sind, wenn sie auf Wanderschaft gehen, besonders außerhalb der Zone, in der sie formuliert wurden.

Frage: *Was Sie darüber sagten, wie eine Anthropologie der Beziehungen zwischen Menschen und Nichtmenschen aussehen müsste, erinnert mich an die aktuellen Ergebnisse meiner Disziplin, der Ökologie. Kann eine solche Anthropologie, die sich vom Dualismus der naturalistischen Konzeption der Moderne befreit hat, in einer Erforschung der Beziehungen zwischen Menschen und Nichtmenschen mit* *der Ökologie zusammenkommen? Und welche Beziehungen unterhält sie zur Ethologie?*

Philippe Descola: Zweifellos könnte ich mein Unterfangen als eine Ökologie der Beziehungen definieren, in der Nachfolge von Gregory Bateson, der mich sehr angeregt hat. In der Tat kämpfe ich dafür, dass die Organismen, die Werkzeuge, die Artefakte, die Gottheiten, die Geister, die technischen Verfahren nicht mehr einfach als ein Umfeld aufgefasst werden, als Ressourcen, als mehr oder weniger illusorische Vorstellungen, als einschränkende Faktoren oder als Arbeitsmittel, sondern wirklich als Akteure, die in gegebenen Situationen mit den Menschen interagieren. Aus ein wenig rhetorischen Gründen habe ich es eine »Anthropologie der Natur« genannt, ein Titel, den ich vor vielen Jahren für mein Seminar gewählt habe, als ich als Dozent an die EHESS [École des hautes études en sciences sociales] berufen wurde, und die ich bis heute beibehalten habe, denn es ist auch der Titel meines Lehrstuhls am Collège de France. Mit Vorbedacht hatte ich ein Oxymoron gewählt, um mein Projekt zu definieren; denn im Abendland zeichnet sich seit mehreren Jahrhunderten die Natur ja gerade durch die Abwesenheit des Menschen aus, und der Mensch durch das, was er an Natürlichem in sich zu überwinden vermochte. Für einen modernen Geist ist eine Anthropologie der Natur also unmöglich. Wie jedes Paradox schien mir auch dieses insofern suggestiv zu sein, als es eine Aporie des modernen Denkens zum Ausdruck brachte und einen Weg vorschlug, sie zu vermeiden, einen Weg, den mein heutiger Vortrag veranschaulichte. Aber ebensogut hätte ich zur Bezeichnung meines Forschungsfelds den Terminus Ökologie verwenden können, was ich im Übrigen getan habe, indem ich die Forschungsrichtung, mit der man mich an der EHESS betraute, »symbolische Ökologie« nannte.

Natürlich untersuche ich in erster Linie die Menschen, sowohl ihr Verhalten untereinander wie das Verhalten, das sie gegenüber der Menge an Nichtmenschen an den Tag legen, mit denen sie verbunden sind. Dies habe ich gelernt, und die Untersuchung der sprachlichen Tatsachen spielt bei dieser Tätigkeit eine erhebliche Rolle; im Übrigen verstehe ich nicht recht, wie ich auf Aussagen verzichten könnte, die die Menschen über ihr Tun machen, da sie unser Verständnis ihrer Praktiken ungemein bereichern. Ich betreibe also keine Ethologie im klassischen Sinn, auch wenn man sagen kann, dass die Arbeit des Ethnografen in der ersten Zeit seiner Untersuchung in einer Menschengruppe, deren Sprache er nicht spricht, derjenigen des Ethologen, der nichtmenschliche Tiere beobachtet, sehr ähnlich ist: Er registriert Interaktionen, ohne zu verstehen, was die Leute sagen, achtet auf die Gesten, die Mimik, die Positionen, auf alles, was zu immer wiederkehrenden und stereotypen Verhaltensweisen gehören kann. Der große Pionier auf diesem Gebiet ist noch immer Gregory Bateson. Zunächst hatte er in den 1930er Jahren eine ethnografische Untersuchung bei den Iatmul am Sepik in Neuguinea durchgeführt, in der er anhand der Erforschung eines Verkleidungsrituals das universelle Phänomen der Schismogenese aufzeigte, das heißt den Mechanismus der Verstärkung eines Differenzierungsverhaltens zwischen Personen allein auf der Grundlage ihrer Interaktionen. Nach dem Krieg wechselte er zur Psychiatrie, ging zum Zeitpunkt der kybernetischen Revolution nach Palo Alto und warf sich dann auf die Tierethologie, wo er sich insbesondere mit dem Verhalten und den Kommunikationsmechanismen der Delphine beschäftigte. Die ganze Zeit über interessierte sich Bateson, bei den Menschen wie bei den Nichtmenschen, für das Verhalten, nicht als Anwendung eines feststehenden genetischen Programms verstanden, sondern als das Ergebnis der Schnittstelle zwischen einem Organismus und seiner Umwelt. Es fällt schwer, sich heute eine solche Laufbahn vorzustellen, denn die Disziplinen haben sich gefestigt, spezialisiert, professionalisiert, sodass der Übergang von einer zur andern sehr viel schwieriger geworden ist. Ich bedauere das, denn ich hätte es gern ebenso gemacht. Ich gleiche es dadurch aus, dass ich auf dem Gebiet der Tierethologie und -psychologie viel lese, besonders was die Techniken, die Kommunikation und das Lernen betrifft, wo in den letzten dreißig Jahren riesige Fortschritte gemacht worden sind. Und meine kritische Herangehensweise in Bezug auf den Anthropozentrismus der Sozialwissenschaften hat den Lehren der Ethologie viel zu verdanken, dass nämlich die Unterschiede zwischen den menschlichen und den nichtmenschlichen Tieren graduelle, nicht Wesensunterschiede sind.

Wenn man sich außerdem für die Interaktionen zwischen menschlichen Gemeinschaften und Tiergemeinschaften interessiert, wie ich es tue, scheint es mir grundlegend zu sein, zwei Herangehensweisen miteinander verbinden zu können, eine ethnografische bei der Untersuchung der ersteren und eine ethologische bei der der letzteren. Ich habe mich bemüht, im Laboratoire d'anthropologie sociale, das ich am Collège de France leite, diese gemischte Forschungsweise zu fördern, denn es versteht sich von selbst, dass man die Tierarten nicht mehr untersuchen kann, ohne die stark anthropisierten Milieus, in denen sie leben (selbst in den Naturschutzgebieten), und die Zwänge in Betracht zu ziehen, die dies auf ihr Verhalten ausübt, ebensowenig wie man menschliche Gemeinschaften beschreiben kann, ohne das Studium der wichtigsten Nichtmenschen einzubeziehen, mit denen sie interagieren. Im Übrigen bedauere ich, dass man in Frankreich kein großes Institut für Verhaltensforschung gründet, nach dem Modell der École d'Économie in Paris, des Génopole in Ivry oder der Max-

Planck-Institute in Deutschland, ein Institut, das Ethologen, Anthropologen, Psychologen, Linguisten, Ergonomen, Technologen usw. im gemeinsamen Streben nach einem besseren Verständnis der Triebfedern des Handelns vereinen würde.

Frage: *Sie haben über den Gegensatz Natur/Kultur gesprochen. Ich frage mich, welchen Platz das Künstliche in Ihrem Dispositiv einnimmt. In unserer westlichen Gesellschaft verhalten wir uns gegenüber Entitäten, die wir für natürlich halten, anders als gegenüber denen, die wir für künstlich halten. So unterstehen erstere einer Ethik des Respekts, während die zweiten Gegenstand einer Verantwortungsethik sind. Als Doktorand der Philosophie am Inra arbeite ich mit Catherine und Raphaël Larrère und Bernadette Bensaude-Vincent in einem Forschungsprogramm. Ich befasse mich besonders mit den ethischen Fragen, die sich im Zusammenhang mit den Biotechnologien der Landwirtschaft erhoben haben. Nun sind aber die genetisch veränderten Organismen sowohl künstliche wie natürliche Wesen. Im Übrigen gibt es noch viele andere Mischwesen aus Natürlichem und Künstlichem. Ist es nicht die Kultur, die die Nichtmenschen unter den natürlichen oder den künstlichen Wesen unterscheidet und klassifiziert? Gilt diese Unterscheidung auch bei den nichtmodernen Gesellschaften?*

Philippe Descola: Sie deuten an, dass ich dazu neige, das Künstliche in die im Übrigen rein deskriptive Rubrik der Nichtmenschen zu stecken, und Sie haben recht. Der Begriff des Künstlichen spielt bei der Konstituierung des modernen Denkens eine zentrale Rolle, denn er ist einer der drei Pole der philosophischen Ontologie, die wir von den Griechen geerbt haben; die beiden anderen sind die Natur und der Zufall. Unter diesem Blickwinkel ist das Künstliche die Verlängerung des menschlichen Handelns, das sich in der Produktion kultureller, also zufälliger Normen niederschlägt, während gleichzeitig der Schlagschatten dieses Handelns auf die Natur fällt, insbesondere mittels der Veränderungen, die hier die Technik herbeiführt. Doch das große Paradoxon der Modernen besteht darin, dass die gemeinsame Unterscheidung zwischen Natürlichem und Künstlichem im Sinn des Gegensatzes zwischen dem, was von selbst entsteht, und dem, was der menschlichen Absicht untersteht, immer unplausibler wird, weil die Unmöglichkeit, die sogenannten natürlichen Entitäten und Phänomene von den Artefakten und den soziotechnischen Ketten zu unterscheiden, immer offensichtlicher ist. Anders gesagt, gerade die wachsende Effizienz bei der Artifizialisierung der Natur, obwohl von einem ontologischen System favorisiert, das die Menschen rechtlich von den Nichtmenschen trennt, hat die Kategorisierungen, die dieses System hervorbrachte, zum Teil hinfällig gemacht.

Davon abgesehen scheinen mir die Begriffe des Künstlichen, des Artefakts, der technischen Veränderung in den nichtmodernen Gesellschaften ebenso unüblich zu sein wie die Idee der Natur. Sicher haben die Menschen überall hervorgebracht, was wir Künstliches nennen, indem sie Werkzeuge herstellten und verwendeten; heute weiß man, dass sie nicht die einzigen sind, die das tun, und dass auch viele Tierarten in der Lage sind, vorsätzlich Substanzen zu formen, um sich Nahrung zu beschaffen. Daraus folgt nicht, dass solche Operationen als etwas Künstliches wahrgenommen werden. François Julien, über den wir vorhin sprachen, hat es in Bezug auf China gezeigt. Im Gegensatz zum Paradigma des Töpfers, das dem europäischen Denken der Schöpfung seit der Antike präsent ist, stellt sich das chinesische Denken die Erschaffung der Welt nicht als

Ergebnis eines Subjekts vor, das nach einem vorher festgelegten Plan eine Materie verändert, sondern als eine spontane und kontinuierliche Interaktion zwischen zwei Instanzen, von der keine der anderen vorausgeht, zum Beispiel dem Yin und dem Yang. Hier ist die Welt nicht das Produkt des Eingreifens eines Demiurgen, sie ist allein das Resultat ihrer inneren Neigungen, die sich in einem Transformationsfluss entfalten. Im Vergleich zur griechischen Poiesis, die in der Art, wie in einem naturalistischen System das Künstliche aufgefasst wird, zentral ist, handelt es sich hier um eine Autopoiesis, eine sich selbst regulierende Erzeugungsbewegung. In Amazonien ist die Idee des Künstlichen kaum sinnvoller. Die Korbflechterei zum Beispiel, über die uns bemerkenswerte Monografien vorliegen, wird keineswegs als Herstellung eines kulturellen Gegenstands durch Bearbeitung eines natürlichen Materials gesehen, sondern als die unvollständige Aktualisierung des Körpers von Tiergeistern, wiederhergestellt anhand von Pflanzenfasern, die mit der menschlichen Haut verglichen werden. Bestimmte Korbflechter gelten als Experten, nicht weil sie in der Herstellung und Dekoration der Körbe die größten Virtuosen wären, sondern weil es heißt, dass sie in der Lage sind, in ihrem Werk die nicht sichtbaren Merkmale des Prototyps wiederherzustellen und somit die Tiergeister in ihrer vollständigen Gestalt zu aktualisieren. Es geht also für den Korbflechter in keiner Weise darum, ein Artefakt herzustellen, sondern wirklich darum, eine Metamorphose zu ermöglichen und zu begleiten.

Muss also die Unterscheidung zwischen Natur und Artefakt beibehalten werden? Ich glaube nicht. Statt die Gegenstände, mit denen wir uns befassen, auf diese philosophische Dichotomie zu beziehen, halte ich es für sinnvoller, jeden einzelnen von ihnen im Hinblick auf die Verbindungsketten und die Erkenntnisdispositive zu charakterisieren, die ihn einsetzen. Ein Virus ist »natürlich«, aber wissenschaftliche (und medizinische) Existenz gewinnt es erst mithilfe der »Kunstgriffe«, die es in einem Laboratorium objektivieren; eine gentechnisch veränderte Pflanze wird »künstlich« erzeugt, aber dann kann sie sich auf »natürliche« Weise verbreiten und hybridisieren; der Mechanismus der Erderwärmung durch Treibhausgase ist »natürlich«, aber die große Zunahme letzterer in der Atmosphäre im Laufe des letzten Jahrhunderts scheint durchaus, zunächst unbeabsichtigt, ein Resultat der menschlichen »Kunst« zu sein, usw. Um diese wenig produktiven Widersprüche zu vermeiden, ist es weit fruchtbarer, in jedem einzelnen Fall den Netzen zu folgen, die diese Entitäten mit anderen verbinden, und die Verfahren zu untersuchen, durch die sie zustande kommen, auf die Gefahr hin, die Koexistenz differenzierter Modalitäten von Aktualisierung der Existierenden in einem »Pluriversum« einzuräumen.

Frage: *Sie haben die* science studies *erwähnt. Wenn es sich um die wissenschaftliche Forschung handelt, gehört der Universalismus eher zum gesunden Menschenverstand und der Relativismus zu den soziologischen Studien, die die Beziehungen zwischen einer Wissensproduktion mit universellem Anspruch und den besonderen sozialen Bedingungen dieser Wissensproduktion aufgezeigt haben. Wie kann eine soziale Welt (die der »Wissenschaftsgemeinschaften«) mit ihren ganz besonderen Gesetzen, ihren sozialen Diskrepanzen, ihren Kämpfen und ihren Polemiken Universelles produzieren? Ich möchte an die Lösung erinnern, die Bourdieu für dieses komplizierte Problem vorgeschlagen hat. Was ihm zufolge diese Produktion von Universellem ermöglicht, ist die ganz spezifische Verfasstheit einer Institution, die den Individuen zwar ihre Triebe, ihre Interessen, ihre sozialen Kämpfe belässt, ihnen jedoch Bedingungen* *auferlegt, unter denen sie gezwungen sind, sie zu sublimieren, indem sie sich einem Ensemble von Methoden und Regeln unterwerfen. Anders gesagt, man kann einen Mathematiker nicht mit einem Pistolenschuss besiegen: Man muss ihn mit einem Theorem besiegen.*

Philippe Descola: Evariste Galois ist zwar durch einen Pistolenschuss ums Leben gekommen, aber Sie haben recht: das hat seine mathematischen Entdeckungen nicht ungültig gemacht. Dennoch überzeugt mich die institutionelle Erklärung nicht; jedenfalls scheint sie mir die wissenschaftliche Arbeit, wie Sie sie verstehen, nicht hinreichend erklären zu können. Denn eine Vielzahl von Institutionen funktionieren analogisch, das heißt, indem sie ein »historisches Transzendentales« produzieren, um mit Bourdieu zu sprechen, ein gemeinsames Kapital an Methoden, speziellen Begriffen und Verfahrensregeln, deren implizite oder explizite Akzeptanz und deren geteilte Beherrschung auf die Zugehörigkeit zum Kollektiv hinweisen, unabhängig von den anderweitigen Divergenzen ihrer Mitglieder. Ein römischer Gerichtshof zur Zeit Ciceros, ein chinesischer Gerichtshof unter den Tang, ein herkömmlicher Gerichtshof bei den Trobriandern besitzen jeweils eine argumentative Logik und ein geregeltes Protokoll, um über die Wahrheit zu befinden, Dinge, die einen die Sonderinteressen transzendierenden Horizont bieten. Dasselbe gilt für die Institutionen, die die theologisch-politischen Dispute beherbergen, ob sie nun im 16. Jahrhundert in Valladolid zwischen Kirchenleuten, zwischen den mittelalterlichen Islamschulen im gesamten Raum des Kalifats oder innerhalb der Kollegien stattfanden, in denen der aztekische Klerus ausgebildet wurde. Und es ließen sich tausend weitere Beispiele finden, in denen besondere Institutionen, die aus um Macht und Prestige wetteifernden Individuen bestehen, nichtsdestoweniger für einen Konsens sorgten, der umso mächtiger ist, als er nicht aufgezwungen wirkt, ein Konsens über die Bedingungen ihrer Debatten und die zu erreichenden gemeinsamen Ziele, wobei die einen wie die anderen auf umfassende Wertesysteme verweisen, die viele gemeinsame Züge mit unserer Definition des Universellen aufweisen. Es ist also keine Besonderheit des »Wissenschaftsfelds«.

ANMERKUNGEN

1 Für eine schon alte, aber immer noch aktuelle Kritik der Soziobiologie des Menschen siehe Marshall Sahlins, 1976. *The Use and Abuse of Biology. An anthropological critique of sociobiology*, Chicago & London, The University of Chicago Press; siehe auch George Guille-Escuret, 1972. »La sélection dénaturée«, in Patrick Tort (Hg.), *Darwinisme et société*, Paris, PUF, S. 657–678. Für eine jüngere Kritik der Evolutionspsychologie siehe Susan McKinnon, 2005. *Neo-liberal Genetics: The Myths and Moral Tales of Evolutionary Psychology*, Chicago, Prickly Paradigm Press.

2 Richard Dawkins, 1976. *The Selfish Gene*, Oxford & New York, Oxford University Press (dt.: *Das egoistische Gen*, übers. v. Karin de Sousa Ferreira, Springer, Berlin 1978).

3 Für eine Kritik der Memetik, die umso interessanter ist, als sie von einem Anthropologen stammt, der mit dem Programm zur Naturalisierung der Kultur und des Geistes sympathisiert, siehe Maurice Bloch, 2005. *Essays on cultural transmission*, Oxford & New York, Berg, Kapitel 6.

4 Marvin Harris, 1976. »Lévi-Strauss et la palourde. Réponse à la Conférence Gildersleeve de 1972«, *L'Homme* XVI (2–3), S. 5–22, und Claude Lévi-Strauss, 1976. »Structuralisme et empirisme, *L'Homme* XVI (2–3), S. 23–38 (dt.: »Strukturalismus und Empirismus«, in *Der Blick aus der Ferne*, übers. v. Hans-Horst Henschen und Joseph Vogl, Wilhelm Fink, München 1985).

5 Claude Lévi-Strauss, »Structuralism and Ecology«, *The Gildersleeve conference*, Barnard College, *Barnard Alumnae*, S. 6–14; wiederveröffentlichter Vortrag in *Le regard éloignee*, Plon, Paris 1983, S. 143–166 (dt. »Strukturalismus und Ökologie«, in *Der Blick aus der Ferne*, a. a. O., S. 159–186).

6 Harris, a. a. O., S. 10–17.

7 Lévi-Strauss, »Structuralisme et empirisme«, a. a. O., S. 174 f. (dt.: S. 196).

8 Siehe zum Beispiel Alfred Kroeber, 1939. *Cultural and natural areas of native North America*, Berkeley, University of California Press.

9 Ursprünglich von den Ideen Friedrich Ratzels inspiriert, spielte der Diffusionismus bis zu den 1950er Jahren eine wichtige Rolle in der deutschen und österreichischen Anthropologie, wo einige seiner herausragenden Repräsentanten, insbesondere Leo Frobenius und Fritz Gräbner, sich zu seinen Anwälten machten. Der Diffusionismus postuliert die Existenz regionaler Pole, von denen aus, manchmal über weite Entfernungen hinweg, sich Techniken, Institutionen und Ideen verbreiten, wobei letztere sich außerhalb ihres Ursprungspunkts festsetzen, sofern die Umweltbedingungen günstig sind. Kroeber und Wissler gehörten zu jener Generation der Wegbereiter der nordamerikanischen Anthropologie, die stark von den Theorien beeinflusst wurden, die in der deutschsprachigen Anthropologie en vogue waren, in diesem Fall dem Diffusionismus.

10 Julian H. Steward, 1955. *Theory of Culture Change: the Methodology of Multilinear Evolution*, Urbana, University of Illinois Press.

11 Julian H. Steward, *Handbook of South American Indians*, 1944–1949, Bd. 1–7. Washington, Smithsonian Institution, Bureau of American Ethnology; siehe besonders in Bd. 3 seine Interpretation des Kulturareals Mojos-Chiquitos als einer Hybridisierung zwischen einer materiellen Kultur, die von der Anpassung an ein tropisches Ökosystem herrührt, und den soziopolitischen Modellen andinen Ursprungs, sowie in Bd. 5 seine Erklärung des zirkumkaribischen Ursprungs des tropischen Regenwalds.

12 Ein fast karikaturistisches Beispiel findet man in Betty Meggers, 1954. »Environmental Limitations on the Development of Culture«, *American Anthropologist* 56 (5), S. 801–824.

13 Marvin Harris, 1974. *Cows, Wars and Witches: The Riddles of Culture*, New York, Random House.

14 Eric Ross, 1978. »Food Taboos, Diet and Hunting Strategy: the Adaptation to Animals in Amazon Cultural Ecology«, *Current Anthropology*, 19 (1), S. 1–36.

15 »Structuralisme et écologie«, a. a. O., S. 164 f. (dt.: S. 184).

16 Für eine vollständigere Behandlung der Frage der Natur bei Lévi-Strauss siehe meinen Aufsatz »Les deux natures de Lévi-Strauss«, 2004. In Michel Izard (Hg.), *Lévi-Strauss*, Paris, Les Cahiers de l'Herne, S. 296–305, aus dem einige Elemente hier aufgegriffen werden.

17 Edwin Ardener, 1972. »Belief and the Problem of Women«, in Jean S. La Fontaine (Hg.), *The Interpretation of Ritual. Essays in Honour of A. I. Richards*, London, Tavistock, S. 135–138; für eine feministische Kritik siehe Nicole-Claude Mathieu, 1973. »Homme-culture et femme-nature?«, *L'Homme* XIII (3), S. 101–113, und die Antwort von Edwin Ardener, 1975. »The Problem Revisited«, in Shirley Ardener (Hg.), *Perceiving Women*, London, Malaby Press, S. 19–27.

18 *Ethik* I, 29, Anmerkung.

19 Maurice Godelier, 1984. *L'idéel et le matériel. Pensée, économies, sociétés*, Paris, Fayard (dt.: *Natur, Arbeit, Geschichte: Zu einer universalgeschichtlichen Theorie der Wirtschaftsformen*, übers. v. Roswitha Schmidt, Hamburg 1990, Junius).

20 Augustin Berque, 1990. *Médiance. De milieux en paysages*, Montpellier, RECLUS.

21 Philippe Descola, 1986. *La nature domestique. Symbolisme et praxis dans l'écologie des Achuar*, Paris, Éditions de la Maison des Sciences de l'Homme.

22 Marshall Sahlins, 1976. *Culture and Practical Reason*, Chicago & London, The University of Chicago Press, S. 55 (dt.: *Kultur und praktische Vernunft*, übers. v. Brigitte Luchesi, Frankfurt am Main 1981, Suhrkamp, S. 85).

23 Siehe zum Beispiel Heinrich Rickert, 1899. *Kulturwissenschaft und Naturwissenschaft*, Tübingen (französisch: *Science de la culture et science de la nature*, übers. v. Anne-Hélène Nicolas), Paris 1997, Gallimard).

24 Für alle diese Fragen siehe Kapitel 3 meines Buchs *Par-delà nature et culture*, Paris 2005, Gallimard (dt.: *Jenseits von Natur und Kultur*, übers. v. Eva Moldenhauer, Suhrkamp, Berlin 2011).

25 Ein von Roy Wagner glänzend dargelegter Gedanke, 1981 (1975). *The Invention of Culture*, Chicago & London, The University of Chicago Press, S. 142.

26 Pierre Bourdieu, 1972. *Esquisse d'une Théorie de la Pratique. Précédé de trois études d'ethnologie kabyle*, Genf, Librairie Droz, S. 167 (dt.: *Entwurf einer Theorie der Praxis auf der ethnologischen Grundlage der kabylischen Gesellschaft*, übers. v. Cordula Pialoux und Bernd Schwibs, Frankfurt 1976 und 2009, Suhrkamp, S. 154).

27 Leslie White, »Adress of the American association for the Advancement of Science«, zitiert von M. Sahlins, *Culture and Practical Reason*, a. a. O., S. 105 (dt.: S. 154); Bronislaw Malinoswki, 1960 (1944). *A Scientific theory of culture and other essays*, Oxford & New York, Oxford United Press, S. 171 (dt. *Eine wissenschaftliche Theorie der Kultur*, übersetzt von Fritz Lévi, Frankfurt am Main [2]2005, Suhrkamp, S. 40); Maurice Godelier, *L'idéel et le matériel*, a. a. O., S. 10 (dt.: S. 13).

28 Claude Lévi-Strauss, 1973. *Anthropologie structurale deux*, Paris, Plon, S. 46 f. (dt.: *Strukturale Anthropologie II*, übers. von Eva Moldenhauer, Hanns Henning Ritter und Traugott König, Frankfurt am Main 1975, Suhrkamp, S. 46 f.); Michel Foucault, *Les mots et les choses. Une archéologie des sciences humaines*, Paris, Gallimard, S. 389 (dt.: *Die Ordnung der Dinge*, übers. v. Ulrich Köppen, Frankfurt am Main 1974, S. 452).

29 Clifford Geertz, 1972. »The Wet and the Dry: Traditional Irrigation in Bali and Marocco«, *Human Ecology* 1 (1), S. 87 f.

30 Mary Douglas, 1975. *Implicit Meanings. Essays in anthropology*, London, Routledge & Kegan Paul, S. 242.

31 Ich selbst schließe mich hier nicht aus, da auch ich ganz ähnliche Dinge geschrieben habe; so 1992: »Die Konstruktionsprinzipien der sozialen Realität müssen zuerst in den Beziehungen zwischen den Menschen und ihrer natürlichen Umwelt gesucht werden«, Philippe Descola, »Societies of nature and the nature of society«, in Adam Kuper (Hg.), *Conceptualizing Society*, London & New York, Routledge, S. 107–127, 109.

32 Karl Marx, »Ökonomisch-philosophische Manuskripte (1844)«, in *MEW*, Ergänzungsband I, Berlin 1973, S. 546.

33 M. Sahlins, *Culture and Practical Reason*, a. a. O., S. 209 (dt.: S. 294).

34 Für eine vollständige Darlegung der Position von M. Douglas zu diesem Thema siehe den dritten Teil, »The *a priori* in Nature«, ihres Buchs *Implicit meanings*, a. a. O.

35 M. Sahlins, *Culture and Practical reason*, S. 205 (dt: 288 f.).

36 Marshall Sahlins, 2008. *The Western Illusion of Human Nature: With Reflections on the Long History of Hierarchy, Equality and the Sublimation of Anarchy in the West*, Chicago, Prickley Paradigm Press, S. 88 (dt.: *Das Menschenbild des Westens – Ein Missverständnis?*, übers. v. Andreas L. Hofbauer, Berlin 2012, Matthes & Seitz Berlin, S. 133).

37 »Die Technik enthüllt das aktive Verhalten des Menschen zur Natur, den unmittelbaren Produktionsprozess seines Lebens, damit auch seiner gesellschaftlichen Lebensverhältnisse und der ihnen entquellenden geistigen Vorstellungen.« Karl Marx, *Das Kapital*, Erstes Buch, IV. Abschnitt, 13. Kapitel, *MEW*, Bd. 23, S. 393 Anm.

38 B. Malinowski, *A scientific Theory of Culture*, a. a. O. Siehe auch die ätzende Kritik an Malinowskis Reduktionismus von Sahlins, in *Culture and Practical Reason*, a. a. O., S. 73–78 (dt.: S. 110–135).

39 Für eine Kritik der *optimal foraging theory* siehe Tim Ingold, *The optimal forager and economic man*, 1996. In Ph. Descola und G. Palsson (Hg.), *Nature and Society. Anthropological perspectives*, London, Routledge, S. 25–44.

40 Roy A. Rappaport, 1979. Ecology, Meaning, and Religion, Berkeley, North Atlantic Books, S. 78.

41 Brent Berlin, 1992. *Ethnobiological Classification. Principles of categorization of plants and animals in traditional societies*, Princeton, Princeton University Press, S. 8.

42 Ebd.

43 Scott Atran, 1990. *Cognitive Foundations of Natural History. Towards an anthropology of science*, Cambrige–Paris, Cambridge University Press-Éditions de la Maison des Sciences de l'Homme.

44 Für die Ontologie der *natural kinds* siehe S. Atran, *Cognitive Foundations ...*, a. a. O.; für die natürlichen Prototypen siehe Eleanor Rosch, 1973. »Natural categories«, *Cognitive Psychology* 4 (3), S. 328–350.

45 B. Berlin, *Ethnobiological Classification*, a. a. O., S. 26, von mir hervorgehoben.

46 Zum Beispiel in Roman Jakobson und L. R. Waugh, 1979. *Sound Shape of Language*, Bloomington, University of Indiana Press (dt.: *Die Lautgestalt der Sprache*, übers. von Christine und Thomas Shannon, Berlin–New York 1986, de Gruyter).

47 Claude Lévi-Strauss, 1983. *Le regard éloigné*, Paris, Plon, S. 196 (*Der Blick aus der Ferne*, a. a. O., S. 217); das Kapitel, dem dieses Zitat entnommen ist, wurde zuerst veröffentlicht als Vorwort zur französischen Ausgabe der *Six Leçons sur le son et le sens* von R. Jakobson, Paris 1976, Éditions de minuit; für ähnliche Überlegungen siehe Claude Lévi-Strauss 1958. *Anthropologie structurale*, Paris, Plon, S. 110–110 (dt.: *Strukturale Anthropologie I*, übers. v. Hans Naumann, Frankfurt am Main 1967, S. 104–111).

48 »Die Namen müssen mit der Natur der Dinge übereinstimmen«, Zitat, das er als Motto dem Kapitel 6 seiner *Ethnobiological Classification* voranstellt.

49 »Eine Kultur (…) läuft auf die Summe der volkstümlichen Klassifizierungen einer gegebenen Gesellschaft hinaus, das heißt auf die gesamte Ethnowissenschaft dieser Gesellschaft«, William Sturtevant, 1964. »Studies in Ethnoscience«, *American Anthropologist* 66 (3), S. 99–131, S. 100. Allerdings ist Ward Goodenough nuancierter: »Die ethnografische Beschreibung erfordert Methoden, um die beobachteten Phänomenen so zu behandeln, dass wir eine Theorie der Art und Weise aufstellen können, wie unsere Informanten dieses Phänomen organisiert haben« (»Cultural anthropologigy and linguistics«, 1957, zitiert von W. Sturtevant, a. a. O., S. 100.

50 David French, 1963. »The relationship of anthropology to studies in perception and cognition«, zitiert von W. Surtevant, a. a. O., S. 102.

51 W. Sturtevant, a. a. O., S. 106.

52 Für eine erhellende Analyse der Beziehungen zwischen Glauben und Wissen siehe Jean Pouillon, 1983. *Le cru et le su*, Paris, Le Seuil; Jean Pouillon, 1979. »Remarques sur le verbe croire«, in Michel Izard und Pierre Smith (Hg.), *La fonction symbolique, essais d'anthropologie*, Paris, Gallimard.

53 Für eine scharfe Kritik der Auffassungen, die Ideologie sei der Widerschein materieller Determinationen, siehe M. Godelier, *L'idéel et le matériel*, a. a. O., S. 20–36 (dt.: S. 21 ff.).

54 Edward Evans-Pritchard, 1933. »The intellectualist (English) interpretation for magic«, in *Bulletin of the Faculty of Arts* 1, University of Kaire, S. 182–311.

55 James G. Frazer, 1922. *The Golden Bough. A Study in Magic and Religion.* Abridged edition, London, MacMillan, S. 347 f. (dt.: *Der Goldene Zweig*, übers. v. Helen von Bauer, Reinbek 1989, S. 473).

56 Émile Durkheim, 1960 (1912). *Les formes élémentaire de la vie religieuse. Le système totémique en Australie*, Paris, Presses Universitaire de France, S. 323 (dt.: *Die elementaren Formen des religiösen Lebens*, übers. v. Ludwig Schmidts, Frankfurt am Main 1981, Suhrkamp, S. 309); für den Gegensatz zwischen Symbolik und Intellektualismus siehe John Skorupski, 1976. *Symbol and Theory. A philosophical study of theories of religion in social anthropology*, Cambridge, Cambridge Uiversity Press.

57 Daher das Interesse an der Arbeit eines François Jullien, der die Begriffe der westlichen Philosophie aus der Sicht des chinesischen Denkens betrachtet: z. B. François Jullien, 1992. *La propension des choses*, Paris, Le Seuil; François Jullien, 1997. *Traité de l'efficacité*, Paris, Grasset (dt.: *Über die Wirksamkeit*, übers. v. Gabriele Ricke und Ronald Vouillié, Berlin 1999, Merve).

58 Die Kritik des Dualismus hat in der Anthropologie ihre Vorgänger, insbesondere Gregory Bateson (Gregory Bateson, 1972. *Steps to an ecology of mind*, New York, Balantine Books, dt.: *Ökologie des Geistes*, übers. v. Hans-Günter Holl, Frankfurt am Main 1981, Suhrkamp) und R. Wagner (*The Invention of Culture*, a. a. O.). Für jüngere Arbeiten siehe unter anderen meine eigenen, besonders Philippe Descola und Gisli Pálsson (Hg.), 1996. *Nature and Society: anthropological perspectives*, London, Routledge, und Philippe Descola, *Par-delà nature et culture*, a. a. O.; Peter D. Dwyer, »The Invention of Nature«, 1996. In Roy Ellen und Katsuyoshi Fukui (Hg.), *Redefining Nature: Ecology, Culture and Domestication*, Oxford, Berg, S. 157–186; Tim Ingold, 2000. *The Perception of the Environment. Essays*

in Livelihood, Dwelling and Skill, London & New York, Routledge; Carol MacCormack und Marylin Strathern (Hg.), *Nature, Culture and Gender*, Cambridge, Cambridge University Press; Marilyn Strathern, 1992. *After Nature: English Kinship in the Late 20th Century*, Cambridge, Cambridge University Press; Eduardo Viveiros de Castro, »Os pronomes cosmológicos e o perspectivismo amerindio«, 1996. *Mana* 2 (2) 115–144; Klaus Eder, 1996. *The Social Construction of Nature*. London, Sage Publications. In anderen Disziplinen siehe A. Berque, *Le sauvage et l'artifice*, a. a. O.; F. Jullien, *Traité de l'efficacité*, a. a. O.; Clément Rosset, 1973. *L'anti-nature. Éléments pour une philosophie tragique*, Paris, Presses Universitaires de France; Stephen Horigan, 1988. *Nature and Culture. In Western Discourses*, London, Routledge; Mikuláš Teich, Roy Porter und Bo Gustafson (Hg.), 1997. *Nature and Society in Historical Context*, Cambridge, Cambridge University Press.

59 Es war das Werk von Bruno Latour, das mich in das Gebiet der *science studies* einweihte, besonders *La science en action*, Paris 1989, La Découverte; Bruno Latour, 1991. *Nous n'avons jamais été modernes …*, a. a. O.; siehe auch Michel Callon (Hg.), 1989. *La science et ses réseaux*, Paris, La Découverte; Peter Galison, 1997. *Image and Logic. A Material Culture of Microphysics*, Chicago, The University of Chicago Press; Donna Haraway, 1989. *Primate Visions: Gender, Race, and Nature in the World of Modern Science*, New York, Routledge; Steven Shapin und Simon Schaffer, 1993. *Le Léviathan et la pompe à air. Hobbes et Boyle entre science et politique*, Paris, La Découverte.

60 Im Original deutsch.

61 Jakob von Uexküll, 1965. *Mondes animaux et mondes humains, suivi de Théorie de la signification*, Paris, Éditions Gonthier; James Gibson, J., 1979. *The Ecological Approach to visual perception*, Boston, Houghton Mifflin (dt.: *Wahrnehmung und Umwelt: Der ökologische Ansatz in der visuellen Wahrnehmung*, übers. v. Gerhard Lücke und Ivo Kohler, München–Wien–Baltimore 1982, Urban und Schwarzenberg).

62 Tim Ingold, »Hunting and Gathering as Ways of Perceiving the Environment«, 1996. In R. Ellen und K. Fukui (Hg.), *Redefining Nature …*, a. a. O., S. 117–155, S. 121.

63 Ebd., S. 120.

64 Daurkin, dessen Mutter Tschukschin und dessen Vater Koriake war, erstellte die erste Landkarte der Tschukotka auf Rechnung von Katharina II (Jean Malaurie, 1999. *Hummoks. Reliefs de mémoire*, Paris, Plon, Bd. II, S. 204 ff.); was den Bauern aus der Sologne betrifft, so handelt es sich natürlich um Raboliot [Roman von Maurice Genevois, 1925].

65 Augustin Berque, 1996. *Être humains sur la terre. Principes d'éthique de l'écoumène*, Paris, Gallimard, S. 85.

66 Ebd., S. 106.

67 Siehe besonders Tim Ingold, 1999. »Sur la distinction entre évolution et histoire«, in Philippe Descola, Jacques Hamel und Pierre Lemonnier (Hg.), *La production du social. Autour de Maurice Godelier*, Paris, Fayard, S. 131–146.

68 Michel Callon (Hg.), 1989. *La science et ses réseaux*, Paris, La Découverte; Bruno Latour, 1991. *Nous n'avons jamais été modernes. Essai d'anthropologie symétrique*, a. a. O., und *Reassambling the Social: An Introduction to Actor-network-Theory*, Oxford & New York, Oxford University Presse, 2005 (dt.: *Eine neue Soziologie für eine neue Gesellschaft*, übers. v. Gustav Roßler, Frankfurt am Main 2007, Suhrkamp); siehe auch in einem ganz anderen Objektbereich Antoine Hennion, 1993. *La passion musicale. Une sociologie de la médiation*, Paris, Éditions Métaillié.

69 David Bloor, 1982. *Sociologie de la logique ou les limites de l'épistémologie*, Paris, Éditions Pandore.

70 B. Latour, *Nous n'avons jamais été modernes*, a. a. O., S. 144 bis 147 (dt.: S. 141–144)

71 Ebd., S. 188 (dt.: S. 182).

72 Man denke zum Beispiel an den Gegensatz zwischen Husserl und Cassirer, die sich doch in vieler Hinsicht nahestehen, angefangen bei ihrer philosophischen Verwurzelung in der Tradition des transzendentalen Idealismus.

73 Siehe zum Beispiel Lawrence A. Hirschfeld und Susan A. Gelman (Hg.), 1994. *Mapping the mind. Domain specifity in cognition and culture*, Cambridge, Cambridge University Press.

74 In *Par-delà nature et culture* (a. a. O.) habe ich die Art und das Funktionieren dieser Schemata der Praxis präzisiert, besonders

diejenigen, die die Modi der Identifikation und die Modi der Beziehungen strukturieren.

75 »Weltung« [*mondiation*] ist eine Übersetzung des englischen Terminus »*worlding*«, geprägt von postmodernen und postkolonialen Autoren zur Bezeichnung einer sozialen und hegemonialen Konstruktion der Realität durch die Abendländer, den ich hier jedoch, wie man sieht, in einem ganz anderen Sinn gebrauche.

76 Das ist eine der wichtigen Lehren aus Lévi-Strauss' *La pensée sauvage*, Paris 1962, Plon (dt.: *Das wilde Denken*, übers. v. Hans Naumann, Frankfurt am Main 1968, Suhrkamp).

77 M. Merleau-Ponty, 1964. *L'Œil et l'Esprit*, Paris, Gallimard, S. 13 (dt.: *Das Auge und der Geist: Philosophische Essays*, übers. v. Hans Werner Arndt, Reinbek bei Hamburg 1967, S. 14).

78 Als ein Beitrag zu diesem Programm ist mein Buch *Par-delà nature et culture*, a. a. O., zu verstehen.

Matthes & Seitz Berlin · Paperback · 056

Erste Auflage dieser Ausgabe 2024

MSB Matthes & Seitz Berlin Verlagsgesellschaft mbH
Großbeerenstr. 57A, 10965 Berlin
info@matthes-seitz-berlin.de

Umschlaggestaltung: Pauline Altmann, Palingen
Satz: psb, Berlin
Druck und Bindung: GGP Media GmbH, Pößneck
ISBN 978-3-7518-4510-6
www.matthes-seitz-berlin.de

Jane Bennett

Lebhafte Materie

Eine politische Ökologie der Dinge

270 Seiten, Broschur
Aus dem Englischen von Max Henninger
ISBN 978-3-7518-4511-3

In den letzten Jahren findet die Materialität in der politischen Theorie vermehrt Beachtung. Verstanden wird sie dort aber als gesellschaftliche Struktur, als die Verkörperungen gesellschaftlicher Werte in Gegenständen oder als materielle Zwänge, die auf den Menschen wirken. Jane Bennet stellt sich dagegen die Frage, wie wir Ökologie denken können. Sie ruft dazu auf, unsere nichtmenschliche und mehr-als-menschliche Umwelt sowie uns Menschen auf andere Weise zu begreifen. Sie vertritt einen »vitalen Materialismus«, der Materie und Materialitäten als handelnde Subjekte anerkennt und deren Trennung vom behandelten Objekt aufhebt. Ihren Ansatz entwickelt Jane Bennett anhand alltäglicher Phänomene – einer toten Ratte im Gully, einer Tüte Chips – und historischer Begebenheiten. Sie lädt dazu ein, den Menschen in seiner Umwelt neu zu denken. Denn erst wenn wir verstehen, dass nicht nur wir auf unsere Umwelt einwirken, sondern auch unsere Umwelt auf uns einwirkt und wir in einem komplexen und vernetzten Gefüge leben, in dem vielgestaltige Akteure agieren, wird unser Handeln wirksam werden.

»Lebhafte Materie nimmt uns mit auf eine Reise durch die philosophische Tradition des kritischen Vitalismus, um uns zu helfen, die tiefe und doch wunderbare Verrücktheit des Seins in einem Körper zu erkennen, der uns nur scheinbar gehört.«
– *LOS ANGELES REVIEW OF BOOKS*

Baptiste Morizot

Arten des Lebendigseins

Annäherung an das verwobene Leben

334 Seiten, gebunden mit Schutzumschlag
Aus dem Französischen von Richard Steurer-Boulard
ISBN 978-3-7518-2019-6

Die Kinder unserer städtischen Gesellschaften können mehr als tausend Markenlogos erkennen, aber weniger als zehn Pflanzenblätter. Das ist nur eines von vielen Symptomen der von Baptiste Morizot statuierten »Krise der Sensibilität«. Diese Krise hat dramatische ökologische Folgen, wie Massenaussterben oder Klimawandel, um deren Überwindung die Politik sich vergeblich bemüht. Der blinde Fleck bei all den Bemühungen um Klimaziele und Artenrettung besteht darin, dass die aktuelle ökologische Krise weniger eine Krise der Menschen auf der einen Seite und der Lebewesen auf der anderen ist, sondern vielmehr unsere Beziehungen zum Lebendigen infrage stellt. Denn in den anderen zehn Millionen Arten auf der Erde, unseren Verwandten, »nur Natur« zu sehen, also nicht Lebewesen, sondern verfügbare Ressourcen, ist eine Fiktion, deren Gewalt zu den ökologischen Katastrophen der Gegenwart beigetragen hat. Die Frage, was Leben eigentlich bedeutet, muss gesellschaftlich und kulturell diskutiert werden. Dafür begibt sich Morizot nicht nur ins Dickicht des wissenschaftlichen und philosophischen Diskurses, sondern auch tatsächlich in die Wälder, um die Spuren der Wölfe zu lesen. In seinem faszinierenden, zwischen Erzählung, Nature Writing und philosophischem Traktat changierenden Buch gelingt es ihm, den Blick für die vielfältigen Arten des Lebendigseins zu schärfen.

»Der Genuss ist garantiert. Morizot spricht eine Sprache, die wir alle hören sollten. Sie ist nicht nur magisch, sie ist wahr.«
– *CHARLIE HEBDO*

Nastassja Martin

Im Osten der Träume

Antworten der Even auf die systemischen Krisen

326 Seiten, gebunden mit Schutzumschlag
Aus dem Französischen von Claudia Kalscheuer
ISBN 978-3-7518-2017-2

Nach ihrer sehr persönlichen Erzählung *An das Wilde glauben* führt auch Nastassja Martins neues Buch wieder nach Kamtschatka, wo die Lesenden auf alte Bekannte stoßen: die Even. Doch in *Im Osten der Träume* reflektiert die Anthropologin nun die ganze Geschichte ihrer Zeit mit den Even. Nach ihrer Feldforschung bei den Gwich‹in in Alaska erscheint es Martin notwendig, sich auf die andere Seite der Beringstraße und des ehemaligen Eisernen Vorhangs zu begeben. In Kamtschatka lernt sie ein Even-Kollektiv kennen, das in der Sowjetunion gezwungen war, in Kolchosen sesshaft zu werden, und nach dem Zusammenbruch des Regimes beschloss, in den Wald zurückzukehren, um eine autonome Lebensweise neu zu erfinden. Diese beruht auf Fischfang, Jagd und Sammeln: ganz untypisch für die Even, die ursprünglich kleinere Rentierherden hüteten. Nastassja Martin begleitet sie und beschreibt, wie das Kollektiv den Dialog mit den Tieren und den Elementen wieder aufnimmt, wobei Träume eine essenzielle Rolle spielen. Mit ihrem neuen Alltag reagiert diese Gruppe auf die jahrzehntelangen Verheerungen, die eine koloniale Machtpolitik ihr zugefügt hat. Und zugleich versucht sie, eine Antwort auf die Herausforderungen der Gegenwart zu finden, während in unmittelbarer Nachbarschaft die Zeitbombe einer bevorstehenden Naturkatastrophe in Gestalt eines zügellosen Nickel-Extraktivismus längst zu ticken begonnen hat.

»Mit ihrer präzisen, feinfühligen Feder gibt Nastassja Martin Einblick in diese nahezu autarke Existenzweise, die durch den Animismus mit der Welt verbunden ist.«
–*TÉLÉRAMA*

Davi Kopenawa, Bruce Albert

Der Sturz des Himmels

Worte eines Yanomami-Schamanen

912 Seiten, gebunden mit Schutzumschlag
Aus dem Französischen von Karin Uttendörfer, Tim Trzaskalik
ISBN 978-3-7518-2013-4

Der Sturz des Himmels ist ein alle Gattungen sprengendes, monumentales Werk: schamanisches Lehrstück, leidenschaftliche Verteidigung der Rechte indigener Völker und kompromisslose Verurteilung der Verwüstungen, die an Mensch und Umwelt begangen werden. Die Autobiografie des Schamanen Davi Kopenawa ist eine für das Menschheitsgedächtnis höchst bedeutende Erzählung, entstanden aus der jahrzehntelangen Freundschaft zwischen dem Schamanen und dem Anthropologen Bruce Albert: Zwischen 1989 und 2001 führten sie in unregelmäßigen Abständen Gespräche auf Yanomami, die sie auf Tonband aufnahmen und die von Albert transkribiert wurden. Albert gelang dabei auf geniale Weise, die lebendige und schillernde Rede des Davi Kopenawa in einer ebenso luziden wie literarischen Sprache zu fixieren: In ihr wird das Leben der Yanomami greifbar, ihre Kosmologie und ihr Schamanismus, ihre Auffassungen über Verwandtschaft, Krieg, Anführerschaft und Redekunst. Kopenawa verflicht kunstvoll literarische Gattungen und wissenschaftliche Disziplinen. In seiner Rede drückt sich aus, wie verwoben persönliche Geschichte und kollektives Schicksal sind.

»Ein beispielloses Zeugnis für das Leben der Yanomami und ihren Kampf um das eigene Überleben und das des Waldes.«
– MARSHALL SAHLINS

Marshall Sahlins

Neue Wissenschaft des verwunschenen Universums

Eine Anthropologie fast der gesamten Menschheit

271 Seiten, gebunden mit Schutzumschlag
Aus dem Englischen von Heide Lutosch
ISBN 978-3-7518-2002-8

Was, wenn wir nicht nur niemals modern gewesen sind, sondern Geisterwesen, Ahnen und Götter nach wie vor unter uns leben? Dann würde es sich bezahlt machen, von jenen zu lernen, die ihre Existenz immer schon anerkannt haben: immanentistische Gesellschaften. Mit diesem Begriff bezeichnet Marshall Sahlins Gesellschaften, die sowohl historisch als auch geografisch den größeren Teil der Menschheit ausmachen – und die Geister als reale Personen betrachten, als Metamenschen, die mit den Menschen in einer kosmischen Gemeinschaft leben, mit ihnen interagieren und ihr Schicksal beeinflussen. Marshall Sahlins liest ältere und neuere Ethnografien und nimmt uns so mit auf eine Reise um die Welt, von den Inuit am Polarkreis bis zu den Dinka in Ostafrika, von den Arawete-Schwemmgärtnern in Amazonien bis zu den Gartenbauern auf den Trobriand-Inseln. Und er zeigt, dass in den meisten Kulturen auch heute noch die Menschen nur ein kleiner Teil eines verwunschenen Universums sind, das durch die transzendenten Kategorien der »Religion« missverstanden wird.

»Die *Neue Wissenschaft des verwunschenen Universums* ist ein Werk von tiefem Wissen und bemerkenswertem theoretischem Wagemut, das dazu bestimmt ist, ein Klassiker zu werden.«
– EDUARDO VIVEIROS DE CASTRO

Nicolas Nova (Hg.), Disnovation Org (Hg.),
Judith Schalansky (Hg.)

Ein Bestiarium des Anthropozäns

Über hybride Mineralien, Tiere, Pflanzen, Pilze …

254 Seiten, gebunden
Aus dem Englischen von Dieter Fuchs
Illustration: Maria Roszkowska
ISBN 978-3-7518-0223-9

Wenn Adler vom Militär zur Drohnenjagd abgerichtet und in Laboren synthetische Steaks und würfelförmige Melonen gezüchtet werden, wenn Pilze radioaktiv strahlen, künstlicher Schnee in Gebirgslandschaften kanoniert wird und mikroplastikgesättigte Meerestiere durch die Ozeane treiben, dann ist es unmöglich geworden, zwischen Natürlichem und Künstlichem noch länger zu unterscheiden. Wir leben in einer hybriden Welt, in der Organisches und Synthetisches zusammengewachsen und der globale Einfluss des Menschen auf die Biosphäre allgegenwärtig und geologisch nachweisbar ist. Weil im Zeitalter des Anthropozäns die herkömmlichen Naturführer versagen, hat Nicolas Novas zusammen mit dem Kollektiv DISNOVATION dieses Bestiarium entworfen, das unsere postnatürliche Gegenwart in 60 Einzelporträts von Antennenbäumen bis Wolkenimpfung vor Augen führt. Dieses neuartige Bestiarium teilt mit den mittelalterlichen Bestiarien die enzyklopädische Lust, die reiche Bebilderung – und nicht zuletzt das moralische Anliegen: Denn die hybriden Kreaturen, die die Verschmelzung von Bio- und Technosphäre hervorbringt, sind keine Einhörner, sondern reale Monster, erschaffen nicht vom menschlichen Geist, sondern durch menschliche Taten.

Anna Lowenhaupt Tsing

Der Pilz am Ende der Welt

Über das Leben in den Ruinen des Kapitalismus

445 Seiten, Broschur
Aus dem Englischen von Dirk Höfer
ISBN 978-3-95757-809-9

Das erste neue Leben, das sich nach der nuklearen Katastrophe in Hiroshima wieder regte, war ein Pilz. Ein Matsutake, der auf den verseuchten Trümmern der Stadt wuchs – einer der wertvollsten Speisepilze Asiens, der nicht nur in Japan, wo er Spitzenpreise aufruft, vorkommt, sondern auf der gesamten Nordhalbkugel verbreitet ist. Dieser stark riechende Pilz wächst bevorzugt auf von der Industrialisierung verwüsten und ruinierten Böden und ist nicht kultivierbar. In ihrem faszinierenden kaleidoskopischen Essay geht die Anthropologin Anna Lowenhaupt-Tsing den Spuren dieses Pilzes sowie seiner biologischen und kulturellen Verbreitung nach und begibt sich damit auch auf die Suche nach den Möglichkeiten von Leben in einer vom Menschen zerstörten Umwelt. Sie erzählt Geschichten von Pilzsammlern, Wissenschaftlern und Matsutake-Händlern und öffnet einen neuen und ungewohnten Blick auf unsere kapitalistische Gegenwart. Denn eigentlicher Gegenstand ihrer preisgekrönten und in viele Sprachen übersetzten Erzählung ist die Ökologie des Matsutake, das Beziehungsgeflecht um den Pilz herum, als pars pro toto des Lebens auf den Ruinen des Kapitalismus, das ein Leben in Beziehungen sein – oder aber nicht sein wird.

»Tsings Idee eines gemeinschaftlichen Überlebenskampfes von Mensch und Pilz und ihr Plädoyer für Diversität sind erfrischend unfrustriert. Das Buch macht Hoffnung, dass auch außerhalb des kapitalistischen Empire Werte wachsen.«
–ZEIT WISSEN

Amitav Ghosh

Der Fluch der Muskatnuss

Gleichnis für einen Planeten in Aufruhr

334 Seiten, gebunden mit Schutzumschlag
Aus dem Englischen von Sigrid Ruschmeier
ISBN 978-3-7518-2001-1

Auf einer indonesischen Insel fällt eine Öllampe zu Boden, kurz danach begehen niederländische Soldaten ein Massaker an den Inselbewohnern. Wie hängen diese beiden Geschehnisse zusammen und was geschah danach? Mit dieser Frage beginnt Amitav Ghosh seine Recherche auf den Spuren der Muskatnuss. Heute alltägliches Gewürz, galt sie im 17. Jahrhundert als Luxusgut – allein eine Handvoll davon reichte aus, um einen Palast zu erbauen –, denn die seltene Frucht wuchs nur auf jener Insel, die niederländische Truppen vornehmlich deshalb in Besitz nahmen, um das Handelsmonopol für die Niederländische Ostindien-Kompanie zu sichern. Während Amitav Ghosh die Reise der Muskatnuss nachzeichnet, veranschaulicht er eindrucksvoll die Mechanismen von Kolonialismus und Ausbeutung der Einheimischen sowie der Natur durch westliche Länder. Mitreißend stellt er dabei die Verbindung geschichtlicher Entwicklungen mit aktuellen Realitäten her, verkettet niederländische Stillleben und die Nomenklatur nach Linné mit der Black-Lives-Matter-Bewegung, der Covid-Pandemie und der Standing Rock Sioux Reservation, um zu zeigen, dass der heutige Klimawandel in einer jahrhundertealten geopolitischen Ordnung verwurzelt ist, die vom westlichen Kolonialismus und seiner mechanistischen Weltsicht – die Erde als bloßem Ressourcenlieferant für die Menschheit – geschaffen wurde.

Es ist immer ein Geschenk, wenn ein Buch einen klüger macht.
– *SÜDDEUTSCHE ZEITUNG*